高职高专"十三五"规划教材

大学生生活指导

朱艳　田丽红　主编
张文波　薛燕飞　丰明景
李艾华　马　宽　魏晓霞　副主编

电子工业出版社
Publishing House of Electronics Industry
北京·BEIJING

内 容 简 介

本书围绕高职院校学生校园生活、团队合作、自我管理等方面,指导大学生积极适应大学生活,思考如何有效地过好大学生活,帮助学生顺利度过大学生涯。全书分析了大学生生活中遇到的大部分现实问题,并给出了较明确的回答和切实可行的行动指南,为大学生生活提供了指导。

本书适合高职院校使用,还可作为大学生解决职业沟通、自我管理和团队合作等方面问题的指导书。

未经许可,不得以任何方式复制或抄袭本书之部分或全部内容。
版权所有,侵权必究。

图书在版编目(CIP)数据

大学生生活指导 / 朱艳,田丽红主编. -- 北京:电子工业出版社,2019.8
ISBN 978-7-121-37094-6

Ⅰ.①大… Ⅱ.①朱… ②田… Ⅲ.①大学生—学生生活 Ⅳ.①G645.5

中国版本图书馆CIP数据核字(2019)第144127号

责任编辑:贾瑞敏　　　　　　　　　特约编辑:许振伍
印　　刷:三河市君旺印务有限公司
装　　订:三河市君旺印务有限公司
出版发行:电子工业出版社
　　　　　北京市海淀区万寿路173信箱　邮编100036
开　　本:787×1 092　1/16　印张:10.25　字数:184千字
版　　次:2019年8月第1版
印　　次:2020年1月第2次印刷
定　　价:33.00元

凡所购买电子工业出版社图书有缺损问题,请向购买书店调换。若书店售缺,请与本社发行部联系,联系及邮购电话:(010)88254888,88258888。
质量投诉请发邮件至zlts@phei.com.cn,盗版侵权举报请发邮件至dbqq@phei.com.cn。
本书咨询联系方式:电话010-62017651;邮箱fservice@vip.163.com;QQ群427695338;微信DZFW18310186571。

前 言

习近平总书记在关于教育的重要论述中指出立德树人是教育的根本任务。人才培养是育人和育才相统一的过程，而育人是本。高职院校要确保学生在校期间完成知识、技能、素养的全面提升才能实现复合型技术技能人才培养的目标。综合素养的提升关乎学生终生发展的内在需要，更是个人持续发展的职业导向。

本书分为4个模块，分别是认识校园、平安校园、和谐校园、校园生活技能。本书以关心学生的全面发展为出发点，贴近学生的日常生活和学习，帮助学生成为全面发展的人——在懂知识、懂技术的基础上，成为懂社会、懂为人、懂生活的人，让学生获得生活经验，获得为社会服务、发展智能等方面的经历，从而帮助学生发展个性、掌握生活技能、开阔视野和培养社会责任感。

同时，本书也紧密围绕学生职业核心能力的培养，帮助学生提升自我管理、团队合作、职业沟通等方面的能力，以满足学生自身可持续发展和社会对人才的要求，帮助学生打下进一步拓展自己能力的基础，从而有助于满足学生跨界发展的需要和满足学生成才立业的需要。

本书的编写团队是一个通力合作的团队，由朱艳、田丽红担任主编，张文波、薛燕飞、丰明景、李艾华、马宽、魏晓霞担任副主编。朱艳、田丽红负责起草大纲、统稿和定稿。具体编写分工是：模块A由薛燕飞编写；模块B由丰明景、朱艳编写；模块C由田丽红编写；模块D由张文波、朱艳、魏晓霞编写；李艾华、马宽在资料收集整理和前期教学实践总结中做了大量工作。

由于作者水平有限，书中如有错误或疏漏之处，敬请广大读者批评指正。

编 者
2019年8月

目　录

模块A　认识校园 / 1

 A1　美丽校园 / 1
  一、案例导入 / 1
  二、精神引领 / 2
  三、实践探索 / 7
 A2　多彩生活 / 7
  一、案例导入 / 7
  二、精神引领 / 9
  三、实践探索 / 13
 A3　行为规范 / 13
  一、案例导入 / 13
  二、精神引领 / 14
  三、实践探索 / 24
 A4　师生环境 / 24
  一、精神引领 / 24
  二、实践探索 / 26

模块B　平安校园 / 27

 B1　电信网络诈骗的预防与处理 / 27
  一、电信网络诈骗的起源 / 27
  二、电信网络诈骗的定义 / 29
  三、我国电信网络诈骗的基本现状 / 30
  四、电信诈骗重点类型骗术揭秘及防范技巧 / 30
  五、我国电信网络诈骗案件频发的原因分析 / 45
  六、遭遇电信网络诈骗时的补救措施 / 48
 B2　其他类型骗局的识破及防范 / 49
  一、其他类型骗局的识破 / 49
  二、高校其他类型骗局的预防措施 / 59
 B3　宿舍防盗 / 60
  一、宿舍防盗应注意的问题 / 60
  二、高校发生盗窃案件的特点和手段 / 61
  三、学生宿舍易发生被盗案件的时间 / 62
  四、发现宿舍被盗后的处置 / 62
  五、保管好自己的现金和贵重物品 / 63
 B4　预防火灾 / 63
  一、引起火灾的火源 / 64
  二、预防火灾发生 / 64
  三、拨打火警电话 / 64
  四、灭火的基本方法 / 64

五、大学生在学生公寓防火事项 / 65
　　六、遇火逃生方式 / 65
B5　交通安全 / 68
　　一、做个文明行路人 / 68
　　二、骑车须规范有序 / 69
　　三、乘车要文明礼让 / 70
　　四、发生交通事故的处理 / 71

模块C　和谐校园 / 72

C1　日常行为礼仪——介绍、握手、领路 / 72
　　一、操练内容 / 72
　　二、操练要点 / 72
　　三、基础知识 / 73
C2　日常行为礼仪——做客、待客 / 75
　　一、讨论内容 / 75
　　二、讨论要点 / 75
　　三、基础知识 / 76
　　四、延伸阅读 / 77
C3　关于沟通 / 79
　　一、讨论内容 / 79
　　二、讨论要点 / 79
　　三、基础知识 / 80
　　四、延伸阅读 / 82
C4　关于愤怒 / 86
　　一、讨论内容 / 86
　　二、讨论要点 / 86
　　三、基础知识 / 87
　　四、延伸阅读 / 88

C5　关于倾听 / 90
　　一、表演内容 / 91
　　二、操练要点 / 91
　　三、基础知识 / 92
　　四、延伸阅读 / 93
C6　肢体语言和麦拉宾法则 / 95
　　一、表演内容 / 95
　　二、讨论要点 / 96
　　三、基础知识 / 96
　　四、延伸阅读 / 99
C7　关于帮助 / 100
　　一、讨论内容 / 100
　　二、讨论要点 / 101
　　三、基础知识 / 101
　　四、延伸阅读 / 103
C8　关于拒绝 / 105
　　一、表演内容 / 105
　　二、讨论要点 / 106
　　三、基础知识 / 106

模块D　校园生活技能 / 108

D1　心肺复苏术 / 108
　　一、心肺复苏术 / 108
　　二、心肺复苏实施步骤 / 108
D2　其他急救知识（一）/ 111
　　一、擦伤、刀割伤 / 111
　　二、外伤出血 / 111
　　三、扭伤 / 112
　　四、骨折 / 112
　　五、晒伤 / 113
　　六、猫、狗咬伤 / 113
　　七、蜂蛰伤 / 113

八、气道异物 / 114
九、眼外伤应急自救 / 116
十、烧伤、烫伤 / 116
D3 其他急救知识（二）/ 117
一、溺水 / 117
二、中暑 / 118
三、误服强酸、强碱性毒物的急救 / 119
四、癫痫发作 / 119
五、鼻出血 / 120
六、低血糖 / 120
七、食物中毒 / 120
八、指甲受挫 / 121
九、手指切断 / 121
十、煤气中毒 / 121
十一、异物入耳 / 121
十二、触电 / 122
D4 大学生防身术 / 123
一、防身术的概念 / 123
二、防身术的特点 / 124
三、大学生防身术的意义 / 124
D5 大学生防身术的方法和应用 / 127
一、大学生防身术的基本技术 / 127
二、大学生防身术的实际应用 / 131
D6 运动处方的制定与应用 / 136
一、运动处方的原理 / 136
二、运动处方的内容 / 136
三、制定运动处方的原则和程序 / 138
四、运动处方的应用 / 140
D7 运动损伤的预防与处理 / 142
一、运动损伤的分类 / 143
二、运动损伤产生的原因 / 143
三、运动损伤的预防与处理 / 145

参考文献 / 152

模块 A
认识校园

人的一生只有一次青春。现在，青春是用来奋斗的；将来，青春是用来回忆的。

——习近平

"大学之道，在明明德，在亲民，在止于至善。"大学最重要的意义在于培养有政治素质和道德素质的一代新人，这些人应该有理想，有自我完善的能力，也有服务社会的热情。这样的人才是服务于国家发展需要的社会主义事业的建设者和接班人。"才者，德之资也；德者，才之帅也。""乘风好去，长空万里，直下看山河。"青年一代要乘新时代春风，在祖国的万里长空放飞青春梦想，让中华民族伟大复兴在奋斗中梦想成真。

A1　美丽校园

一、案例导入

创建美丽校园——大学生在行动

落实立德树人的根本任务是加强和改进大学生思想政治教育工作，引导大学生崇尚劳动、尊重劳动；发挥劳动教育对大学生的引领作用，不断推进开展教育实践活动。在实践活动中，同学们走出教室、熟悉职场工作，在实践活动中磨炼意志、增长才干，培养劳动精神、职业精神和工匠精神，用自己的双手和智慧创造美丽的校园环境。教育实践活动有利于培育和践行社会主义核心价值观，在大学生养成教育中取得良好效果，可以增强大学生的责任意识和职业精神，为美丽校园增添魅力，让大学生能够在幸福的环境中成长、成才。

大学生生活指导

二、精神引领

（一）学校环境

当今大学都在积极创建优美的育人环境。校园就像美丽的花园，大学生每日徜徉在美丽的校园中，将对人生的追求和美好愿景融入日常生活，为自己的生活增添色彩。

（二）学校文化

大学生对学校的初步了解是从报考志愿开始的，但当时仅是粗略的认识。而考入大学后，为了尽快地融入大学生活，就需要详细了解自己大学的情况。

1. 初识学校文化

新生入校后，通过新生入学教育，会了解学校的校情、校史、校训、办学理念、学校办学成果等；二级院部组织相关专业教师开展专业教育，辅导员会向大学生介绍学校周边环境、校规校纪等；心理健康中心会针对新生入校的困惑开展主题讲座，帮助大学生尽快适应大学生活。通过了解学校文化，新生应激励自己立下目标，努力拼搏，成为对社会有用的人才。

2. 了解学校环境

了解学校地理位置、学校布局能够帮助大学生尽快熟悉校园，尤其是标志性的常用场所，如教学楼、宿舍楼、餐厅、校医院、操场等。了解学校标志性建筑、广场、道路等，可以在入校之初就对学校有个总体把握，并且做到心中有数，还能帮助老师为新来的同学提供服务，从而抓住在大学第一次锻炼的机会。

3. 把握机构设置

把握学校机构设置和二级院部专业设置及教学楼分布，能够帮助大学生了解学校办学特色。一般大学设有党务部门、行政部门、辅助单位、科研单位等。大学生入校后，要尽快了解学生处、教务处、招生处、就业处、保卫处、后勤保障等职能部门，在生活、学习、管理、安全、就业等方面遇到困难时，可以及时联系相关职能部门进行咨询。同时，要了解每个二级院部的专业设置，熟悉每个二级院部的教学楼分布，以便能够尽快融入学校环境，从而更好地迎接丰富多彩的大学生活。学校为适应区域经济发展，设有当时最新的人才需求高的专业，因此了解专业是了解就业市场的第一步，可以为将来做就业规划打下基础。

4. 明确人才培养方案

人才培养方案是学校实现人才培养目标的设计蓝图，是学校组织教学、安排教学任务的主要依据，是学校办学指导思想、办学定位、办学水平、办学特色的具体体现，是学校对教育教学质量进行监控和评价的基础性文件。大学生要充分了解所学专业的人才培养方案，针对个人的特点做好职业生涯规划。同时，应针对个人特点选择感兴趣的选修课程，以丰富自己的专业知识和背景知识。

5. 充分利用资源

随着网络的普及，大学生使用手机率已达到百分之百。玩手机占用了大学生大量的时间，这是导致大学生阅读量下降的主要原因之一。丰富的大学生活，需要靠大量的阅读来充实自己，需要大学生走进图书馆，合理利用网络图书馆和传统纸质书图书馆来增加专业知识，提高自己的阅读量。大学生应当用知识武装自己的头脑，博览群书，掌握广博的科学知识。

6. 了解大学活动

大学生活丰富多彩，大学生要合理进行大学活动的安排，通过积极参与学校社团活动，锻炼自己的综合能力。需要充分了解学校大学生活动场所和计划安排，以规划好自己的业余生活。

7. 熟悉生活服务

离开父母和家乡，对大学生提出了更大的挑战，大学生需要具备较高的自理能力才能生活好、学习好。只有熟悉学校的生活服务区域，才能及时补充生活必需品。生活需要得到满足可以帮助大学生缓解思家之苦。

（三）学校实训基地

积极了解学校实训基地，更好地明确大学期间的实习实训任务。积极投入实习实训，可以将理论学习与实际操作结合起来，提升理论水平和实践能力。

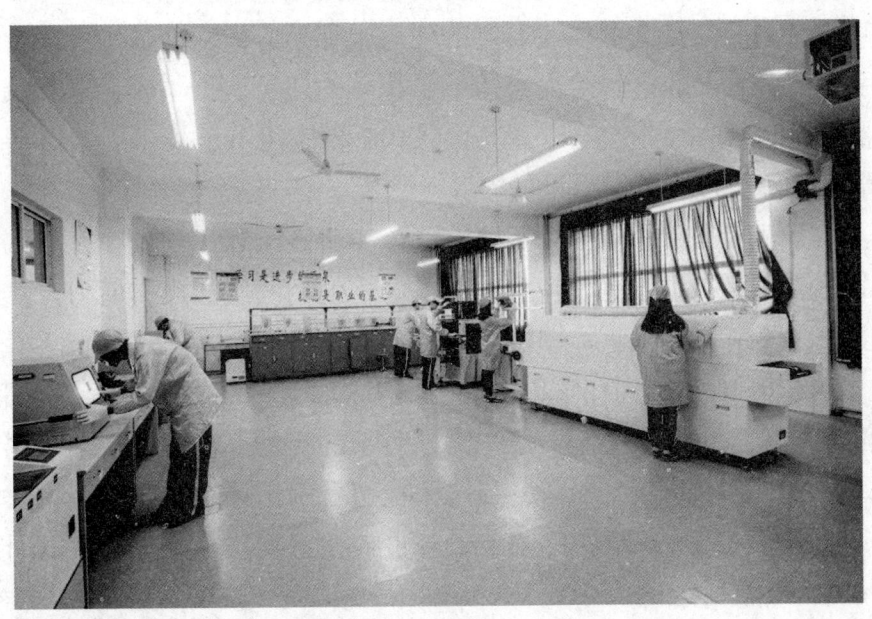

（四）学校宣传图片与视频

学校官网会推出有关学校宣传的图片和视频。要充分了解这所大学，就要及时关注学校的官网、微信公众号等，了解学校最新动态，用自己的实际行动融入学校，成为学校的主人。

三、实践探索

我们今天已经成为一名大学生，作为新时代的大学生，应该扣好人生第一粒扣子，立足当下、发展自己，用自己的实际行动共同创建美丽校园，践行社会主义核心价值观。

A2　多彩生活

一、案例导入

小小计时器充满大智慧

——济南职业学院学生研发比赛计时器应用于全省职业院校信息化教学大赛

2017年8月29日，在山东省职业院校信息化教学大赛的赛场上，一个小小的计时器引起了参赛选手和评委们的注意,那贴心的双面显示设计、清晰醒目的数字、精确无误的报时给大家留下了深刻的印象。据了解,这款独特的比赛计时器是济南职业学院电子工程学院2015级应用电子技术3+2本科1班周伟家同学及其团队自主研发设计的。

电子工程学院建有一个创新实验室。该实验室可以让学生在开放的实验实训环境中设计开发一些小制作和小发明,锻炼他们的实践操作能力。实验室成员曾经多次在国家和省职业院校技能大赛上获奖,周伟家正是创新实验室的成员之一。2016年10月,周伟家以一名志愿者的身份参加了2016年全国职业院校信息化教学大赛的服务工作。他在不同时长的赛场上轮番更换计时器:计时器数字太小,声音不清晰;个别参赛选手抱怨看不见计时器,以至无法掌握比赛时间……这些看似不起眼的小细节,却被他注意到,并产生了自己研发一款更为好用的计时器的想法。

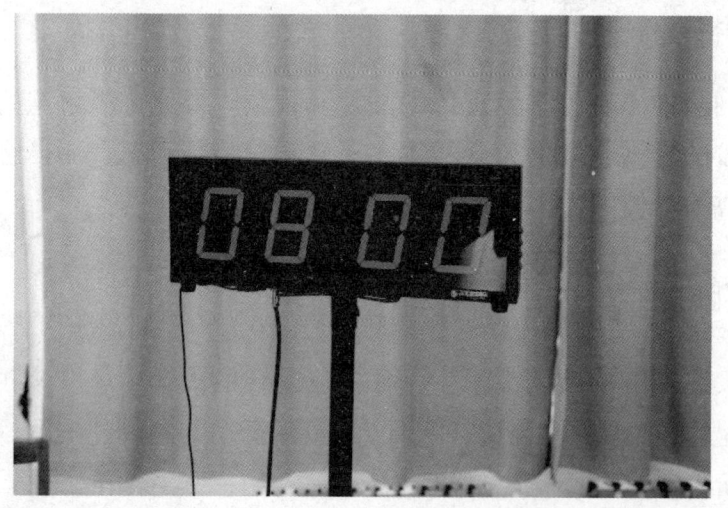

赛后,周伟家把有关计时器设备研发的想法告诉了创新实验室的指导教师,咨询计时器设计的可能性,得到了指导老师的肯定与支持。他随即组建了大赛计时器研发小组。该小组经过前期考察、方案设计论证,学习了《C语言设计》《单片机应用设计》《数字电子技术》等多种辅助教材,并在电子阅览室查阅了大量的相关资料,编写程序且经过4次大的改动,历时5个多月,终于设计出了一款实用性强、外观简洁大方的计时器。经过山东省职业院校信息化教学大赛会务组审核鉴定,该计时器完全可以投入大赛使用。随后,周伟家团队利用暑假时间,加班加点,批量生产出40台计时器,并进行反复调试,不断优化程序,使它们按时投入到全省职业院校信息化教学大赛中。

"我热爱我的专业,喜欢我的团队,我有信心走得更高更远。这款计时器的研发让我明白理论和实践同样重要，只有有了丰富的理论知识，才能在实践操作中游刃有余。这更加强了我对电子专业深入探究的兴趣和动力。"在采访中，周伟家目光坚定地说道，"在研发过程中，我们创新实验室的团队让我感动，让我骄傲，没有老师们的耐心指导，没有大家的合作探究，不可能攻克制作过程中的一个个难关，及时完成 40 台计时器的组装调试。"周伟家表示："生活中不缺少美，而是缺少发现美的眼睛。在生活中细心地发现问题，大胆地去思考、去实践，一定会有收获成功的时刻。"

二、精神引领

在健全的立德树人的德育工作机制下，以社会主义核心价值观的培育践行为主导，建设多彩的校园文化成为大学育人的工作格局。其内涵是：提升思想觉悟，以思政课为主渠道，各门课程协同协力，提升个人的人文素养，积极参加社会实践、志愿服务活动，使外在的道德原则和社会规范逐步内化为自身的道德信念与行为准则，让学生成长为综合型技能人才。大学生应当勇立时代潮头，大胆创新实践，用科学的思想武装头脑，立足于实际行动，不断创造社会价值。

（一）升旗仪式

升旗仪式是学校进行爱国主义教育和学生思想教育的基本方式之一：利用庄严的升旗仪式，以国歌为号角，以红旗为见证，弘扬爱国主义精神并顺应时代潮流。升旗仪式可以进一步规范大学生的思想行为，弘扬优秀传统文化，推进建设和谐文明校园，加强爱国主义教育等系列思想教育，使大学生正确认识个人与国家、集体的关系，实现自身社会价值及个人价值。通过升旗仪式的举行，新时代大学生应当与祖国同呼吸、共命运，将热血青春投入到建设具备新时代特色的社会主义现代化强国之中。大学生要做好新时代的接班人，志存高远，脚踏实地，珍惜韶华，不忘初心，不负青春。

（二）志愿者活动

本着"奉献、友爱、互助、进步"的志愿者精神和"热心参与，爱心互助，传播文明"的活动宗旨，以"感恩、公益、优质"为志愿服务理念，志愿者服务团队要不断加强自身建设，积极开展形式多样的活动。志愿者服务团队应该以分工合作的方式有序地开展志愿者服务活动，让每个大学生都有机会加入到志愿者服务活动的行列当中。通过积极组织志愿者服务活动，为广大大学生提供志愿者服务的广阔平台，提高大学生的志愿者服务水平和实践能力，可以为志愿者服务工作和社会和谐奉献青春与热情。为适应新时代大学生志愿者服务工作和志愿者服务组织建设的现实需要，大学生志愿者服务团队下设各个服务部门，密切合作，共同保证志愿者服务工作的有序开展。大学生志愿者服务团队秉承"热心参与，爱心互助，传播文明"的宗旨，以"奉献学院，服务社会"为原则，打造志愿者服务工作的亮点和特色品牌。他们组织并完成了一项又一项志愿者活动，为群众、为老师、为同学们服务，各地都留下了"红马甲"的足迹和身影。

1. 助力社会

大学生志愿者服务团队积极参加志愿者服务工作。通过志愿者服务活动，大学生弘扬了新时代精神，使人生价值在志愿者活动中得到体现，精神境界得到升华，并为社会贡献了自己的才学和能力。大学生志愿者服务团队通过参加志愿者服务活动接触了新事物、新观念，加深了对社会的认识，培养了自己的组织、协调、交际能力。志愿者将参与志愿者活动时所学到的理论知识与实践活动相结合，运用在日常生活中，可以解决生活中遇到的各种问题，使自己的人生过得更加精彩、更加丰富。在开展志愿者各项活动的过程中，大学生可通过对比发现他人的优点和自身的不足，取长补短，从而有助于自身的发展。

2. 助力公益

当代大学生助力公益工作始终秉承"传递青春正能量，助力美丽中国梦"的理念，引导当代大学生参与志愿者服务活动，彰显时代主旋律，并为大学生建立志愿者服务平台。在校园内外都可以看到千千万万大学生志愿者有信念、有梦想、有奋斗，时时刻刻都可以感受到大学生志愿者昂扬奋发的精神、强烈积极的社会奉献感。无论事情大小，无论是在田间地头，还是在街头巷尾，他们都力所能及地去帮助他人，积极开展各种志愿者服务活动，用实际行动唱响属于他们的青春之歌，助力文明城市创建。

3. 志愿者精神

大学生志愿者精神是中华民族团结友爱、助人为乐、见义勇为、尊老爱幼、尊师重教等传统美德的继承和发扬。中华民族的传统美德是我们宝贵的精神财富，大学生志愿行为从中华民族的传统美德中汲取营养和力量，闪耀着中华民族传统美德的光芒。大学生不仅是志愿者服务的奉献者，更是服务中的受益者——从身边小事做起，和谐互助、比学赶帮、崇尚善举，营造出一种相互学习的氛围。新时代志愿服务者是雷锋精神的传播者、弘扬者和践行者，大学生要用实际行动向雷锋同志学习。"热心参与、爱心互动、传播文明"是大学生志愿者一直遵守奉行的志愿者精神，大学生志愿者精神就是要建立互助友爱、和谐融洽的人际关系。

（三）社团活动

为了丰富学生的课余生活，学校团委会组织大学生社团活动中心，展示校园社团风采，打造多姿多彩的社团品牌。社团活动是传承和发扬学风、校风的重要纽带，在培养大学生兴趣爱好、提升大学生综合素质、引导大学生适应社会、促进大学生成长就业等方面起着积极、重要的作用，是新形势下有效凝聚大学生、开展大学生政治思想工作的重要组成部分。

1. 特色社团

（1）体育类社团

体育类社团是高校开展课余体育活动的重要组织形式，有利于提高大学生加强体育锻炼的意识，养成体育锻炼的好习惯。它能够丰富大学生课余生活，营造和谐的校园体育活动氛围，促进校园精神文明建设。例如，跑步类、健美操类、广场舞类体育社团极大地丰富了大学生体质锻炼的形式。通过参加各类体育类社团丰富多彩的体育活动，能够提高大学生身体素质，打造健康体魄，使大学生得到综合发展。

（2）文化类社团

大学生在专业知识的学习之余，应该学习与传承中国传统文化，将文化内涵融入个人素养的提升中。各高校成立了文化类的社团，如经典诵读社团、非物质文化遗产传承社团等，开展诵读经典、剪纸、陶艺、篆刻、戏剧表演等活动，汇集各种知识体系和技能，呈现不同表现形式的工艺品或作品。通过丰富多彩的文化类社团活动，全力打造"文明、高雅、健康、和谐"的校园环境，推动优秀传统文化的传承。大学生在文化类社团的系列活动中受到潜移默化的熏陶、感染和教育，提升了自我涵养，传承了文化。

（3）艺术类社团

大学生声乐社团、舞蹈社团、乐器社团等以不同的艺术表现形式，开展丰富多彩的活动，丰富了校园文化生活，提高了大学生的艺术修养。例如，在音乐社团里锤炼自己的技艺，在舞蹈社团中学习舞蹈艺术，提高个人审美与创造美的能力,用音乐与舞蹈将艺术美展现出来,带给大学生精神上的享受。在艺术社团的练习与展示中,大学生感悟个人对集体、对生活的责任,充分感受了艺术的魅力以及艺术与人的互动。希望同学们可以从音乐中找到更活泼、更丰富的自己,让自己的大学时代更加的充盈,为自己以后的工作奠定良好的基础。

2. 社团优势

校园内五彩缤纷的社团活动丰富了大学生的业余生活,是大学生业余生活的"润滑剂"和"调味品",为大学生提供了展现自我能力的机会和条件。大学生通过参与、组织和开展融思想性、知识性、趣味性于一体的丰富多彩的社团学习活动,在自我参与、自主思考中达到自我教育的目的,开阔了眼界,增加了人生阅历,提高了综合素质。社团活动可以在潜移默化中培养大学生的集体意识和团队精神,增强社会责任感,提高思想道德素质,增强思想政治工作的主动性、针对性和实效性。

3. 社团建设

学生社团建设充分体现了《国家中长期教育改革和发展规划纲要》中提出的坚持以人为本、推进素质教育的教育改革发展的战略主题。丰富多彩的学生社团作为课堂教学的有益补充,真正体现了以学生为主体,以教师为主导,把促进学生成长成才作为学校一切工作的出发点和落脚点的教育宗旨。学生社团活动是学校开展素质教育的重要途径之一。学生社团的自我管理、自我服务、自我展示、自我认识、自我发展在激发学生的"自主潜能"、强化学生的"自我意识"方面发挥了有效作用。同时,学生社团是学校推进课程改革的助推器。学生在选择优质社团时应充分了解自己的兴趣爱好和特长,本着交流、提高的意愿去选择相应的社团,而不是加入的社团越多越好。加入学生社团需要填写申报表格,在此之前应当充分了解所加入的社团的运作情况和能力水平。

(四)支教活动

大学生志愿者支教活动优化了教师资源配置,促进了义务教育的均衡发展,加快了社会主义教育新建设。支教活动架起了城乡联系和沟通的桥梁,促使教师更新教育观念,深化教学内容方式,同时给贫困地区学生带去了更多的知识和快乐,使年轻的教师们在相对艰苦的环境下磨炼自己的意志,加强自身的师德建设,提高自己的综合素质。从这个意义上来说,支教是一种责任,更是一种境界的体现。在支教实践活动中,大学生把思想政治教育认知转化为实际行动,实现了自身价值,推动了社会进步。

三、实践探索

通过丰富的社团、志愿者活动，积极参与学院丰富多彩的社会实践，感悟多彩校园生活，丰富课余生活；打造属于自己的综合素养提升规划，将学习到的理论知识与实践能力相结合，完善自我。

A3　行为规范

一、案例导入

习惯成就一生

播下一个行动，收获一种习惯；播下一种习惯，收获一种性格；播下一种性格，收获一种命运。

叶圣陶先生说："教育是什么，往简单方面说，只需一句话，就是养成良好的习惯。"学校要始终坚持"精益求精、追求卓越"的教育理念，把习惯培养作为教育教学工作的重要任务，通过多种途径培养大学生的良好习惯，把大学生的职业核心素养作为培养目标，打造大学生的优秀品质，培养品德高尚、品质优秀、品味高雅、技强业精、知行合一、务实思新的高素质技能型人才，努力为每一名大学生的幸福人生奠基。

我国的大文豪鲁迅先生从小就养成了"时时早，事事早"的好习惯。鲁迅13岁时，祖父被捕入狱，父亲长期患病，家里越来越穷。当时他在三味书屋中跟随寿镜吾老师学习，经常要去当铺当完东西买完药才能去上课。一日，鲁迅迟到了，老师狠狠批评了他。鲁迅听了，没有为自己做任何辩解，而是点点头，默默回到了自己的座位。第二天，他早早地来到学校，并在书桌的右上角用刀刻了一个"早"字。从此，鲁迅惜时如金，养成了"时时早，事事早"的好习惯。正是这个好习惯，一直激励着鲁迅奋斗一生。

高等院校是为国家培养人才的场所，是建设社会主义精神文明的阵地，应当成为全社会讲文明、讲礼貌的楷模。制定《大学生日常行为规范》不仅有助于促进良好风气的形成，而且有利于大学生树立规矩意识，养成良好的习惯，树立优良的品德。

二、精神引领

高职学生课堂行为规范、公共区域行为规范、图书馆行为规范和宿舍行为规范是学校常规管理的四大重点领域。建立有效的管理长效机制能够帮助大学生养成良好的学习、生活习惯。同时，要完善制度保障和科学标准多元的评价机制。例如，在评优推选考核机制中，合理地加入大学生操行考核成绩，形成绿色生态优良循环，注重学生理论与实践及日常操行的全方位考核，培养大学生的综合素质，促进大学生职业核心素养的形成。

（一）课堂行为规范

1. 思想准备

为了营造优美的教学环境，要加强教风和学风建设，规范课堂教学秩序，严格课堂教学管理，有序推进教学活动，提高教学质量。从迈进教学楼的一刻起，就应排除各种杂念，端正学习态度，做好心理准备。

2. 作息时间

机会往往留给有准备的人。课前至少提前10分钟做好上课准备，不得迟到、早退或旷课；课上应以积极饱满的热情投入到学习中；课后要整理好课桌后再离开。

3. 课堂行为

大学生从入校起就要共同维护课堂教学秩序，养成良好的课堂学习习惯，营造良好的学习氛围。课堂学习前做到提前预习，课堂学习中专心听讲，积极回答问题,并做好课堂笔记,完成课堂作业。大学课堂秩序的养成需要个人梳理适用于自己的行之有效的学习方法,才能融入大学课堂的学习节奏。从课堂的积极配合中体验学习的快乐,养成主动参与、勤于思考的学习习惯,能够尽快将理论知识转化到后续的实践锻炼中。

4. 成果监测

学校注重过程性考核,任课教师注重大学生学习过程的考核,并形成针对性评价,及时反馈,及时记入学生成长档案。大学生在学习过程中,要及时检查个人的学习成果,从课堂考勤、课堂参与、课堂反思、课堂练习几方面反思课堂行为。要及时调整无效行为,将课堂规范融入学习的全过程,提升课堂学习效果。

(二)公共区域行为规范

规范公共区域行为文明能够帮助大学生树立个人公共文明,提升个人的风貌和综合素质。文明细节虽小却是"天大的小事",唯有从点滴小事做起,才能真正成为一种感染力、凝聚力、推动力,进而升华为一种城市的名片、一种国家的形象、一种民族的精神。

1. 公共区域规范

公共区域包括大学生所到的校园、食堂、教学楼、实训楼等场所。大学生要严格规范个人行为,彰显个人素质,维护公共区域卫生,营造文明校园。

(1)公共区域的文明规范

严格要求自己,讲究文明礼貌,不做有违文明之事,如做到恋爱文明、不在公共场所吸烟、遵守厕所使用规范等,以共同维护公共环境;养成良好的个人卫生行为,将制造的垃圾分类投放到垃圾桶中;在食堂打饭有序排队,用餐后餐盘放到回收点;进入教学楼,不大声喧哗,维护良好的秩序。

（2）公共区域的卫生规范

打扫卫生是每一位大学生必须经历的一课，整洁的环境能使人心情舒畅、身心健康。大学生在卫生清扫的过程中能体验劳动的辛苦、感受劳动的价值、增强团体之间的协作，懂得珍惜劳动成果。每位大学生入校后都会轮值打扫教室卫生。这是一种别样的集体活动，组织得当的话，能培养大学生的团结协作能力和荣辱与共的美德。为了尽快适应值日生制度，需要大学生入校后了解学校在卫生管理中的制度规范，熟悉各项考核标准，才能在制度的约束下快速完成卫生清扫任务，将学院卫生打扫的规范内化为个人行为。

2. 公共卫生标准

在公共区域维护卫生时，要保证地面无塑料瓶、果皮、烟头、瓜子皮；将展牌和宣传栏、路牌清理干净，无小广告、杂物等；在教室卫生打扫中，要精益求精，注重整体与细节，培养个人做事的细心与耐心品质，如教室开关、调速器、网线盒无灰尘；将黑板上的粉笔灰擦干净，黑板和黑板槽内及边框不能有水渍、笔灰、粉笔头和其他垃圾；将教室桌椅物品摆放整齐，讲桌、讲台擦干净；暖气片上不能有垃圾（包括水瓶）；窗台干净无灰尘、无杂物或垃圾等；教室门门框（包括前门、后门）无灰尘，门玻璃无污渍；桌洞、桌面无垃圾；地面无明显头发丝、水渍、纸团果皮等垃圾；清洁工具摆放整齐，垃圾桶内无黏状垃圾，教学楼内不能带饭进入。公共区域卫生彰显了学校大学生的素质，是学校的一道亮丽名片。大学生轮流打扫校园卫生，既锻炼了吃苦耐劳的精神，也从中体会到了时刻维护校园环境的重要性。

3. 成果监测

劳动创造价值。在实践中，大学生可以总结劳动经验，提高工作效率。在长期的卫生打扫过程中，劳动美德代代相传，大学生端正了劳动态度、磨炼了自身意志、强化了责任意识、弘扬了奉献精神、提升了思想高度。同时，工作中的细节处理可以帮助大学生提升精细化思维和劳动能力。这种习惯的养成会不断提高大学生个人对自己的要求，做到精益求精、追求卓越。

（三）图书馆行为规范

学校图书馆是学生在校查阅资料、借阅图书和自修学习的地方。它与教室一样，是获取知识的殿堂，也是公共场所。这就要求大学生必须遵守一定的礼仪和规范，保证图书馆环境的严肃和庄重。一所大学知识与魅力的体现，正是在于它的图书馆。

1. 借阅行为规范

　　成为文明的借阅人是大学生应该做到的。在图书馆借书时，应遵守的行为规范就是保持安静，进入书库借阅图书之前，凭借一卡通换取代书板后进入书库。代书板是暂时替代在书架上有特定位置的某本图书的代用品。在书库翻阅图书时，将代书板插入所选中的图书原来的位置再将书抽出翻阅。如果决定不借阅抽取的书，将图书放回代书板所在的位置；如果决定借阅此书，将代书板抽出，连同要借的书一同交予借阅台工作人员办理借阅手续。借阅的图书要遵循规定程序办理借阅手续并按期归还，不可私自携带出馆，损毁、丢失图书要主动照价赔偿。图书馆经过多年的积累，已经拥有比较丰富的社会科学、自然科学等方面的图书，为大学生开阔视野、拓宽知识面提供了非常便利的条件。首次去图书馆遇到问题时，可以咨询图书馆工作人员。

2. 自习室行为规范

　　自习室是供大学生自主学习的公共场所。随着社会对高校学生的知识水平要求越来越高，大学生的学业压力日益加大，自习室就成为大学生学习的主要场所。保证自习室的正常学习秩序，创造良好的学习环境，每一位大学生都应自觉地遵守自习室行为规范，这对学校和大学生个体而言都具有重要的意义。作为学校，自习室环境是其文化氛围的重要组成部分，也是为大学生创建和谐校园的重要方式之一；作为大学生个体，良好的自习室环境不仅利于学习知识、增长智慧，更可以体现大学生群体综合素质。自习室具有严格的规章制度，应保持室内安静，商量讨论应尽量放低声音；不随便占座，离开时将所有书本和垃圾带走，做到一人一座，人走桌净。

3. 养成阅读习惯

　　（1）开卷有益

　　对于一个审美观、道德观、人生观正处于发展时期的学生来说，读书尤为重要。阅读能力是形成大学生各种应用能力的基础，是理解和沟通的前提。有效地提高个人阅读能力，兴趣是最好的老师。学校为提高大学生读书的兴趣，经常会在图书馆举办一些关于阅读和弘扬图书文化的活动，如通过每月借书次数的统计，评选阅读之星；通过4月份读书节，颁发年度阅读之星，等等。这些评比活动充分调动了大学生阅读的兴趣和积极性。大学作为学生阶段向成人阶段的过渡期，更是心理、性格、人格等各方面渐趋成熟乃至定型的重要时期，加之身份带来的一系列颇大的转变，图书自然而然地成为生活中引领指导的必不可少的导师角色。

（2）学海无涯

通过教师的引导及积极参加活动，有助于大学生养成良好的阅读行为习惯。从每个月的阅读量数字可以统计出大学生的阅读情况，通过及时鼓励与反馈，促使大学生阅读量的逐步上升。养成阅读习惯要端正心态。大量阅读不但可以使大学生学到更多的课外知识，也可使大学生的写作水平有所提高。读书可以修身养性，提高人格魅力。

（四）宿舍行为规范

宿舍是大学生学习生活的重要场所，是其成长发展的重要平台。大学生宿舍行为规范是校园文化的重要组成部分，对大学生道德观、人生观、价值观、法治观的形成起着至关重要的作用。加强宿舍行为规范是素质教育的内在要求。遵守学院宿舍管理规定，按时就寝，维护宿舍安全稳定，是每一位大学生应尽的责任。干净整洁、舒适安全、关系融洽的宿舍能够陶冶情操、增强宿舍凝聚力、给人带来愉快的心情，并能使大学生养成良好的生活习惯，塑造积极向上、团结协作的精神。

探索 6S 管理模式在大学生宿舍整理过程中的应用，对大学生进行指导与培育，形成良好的长效机制：整理（Seiri）——将所在场所的物品有序分为有必要的和没有必要的，留下有必要的，消除没有必要的，从而腾出更多的空间；整顿（Seiton）——将留下来的必要物品做好标识并有序摆放，从而使所有物品一目了然；清扫（Seiso）——将所在场所的卫生无死角清扫干净，保持干净、亮丽的环境，从而形成稳定的环境；清洁（Seiketsu）——将整理、整顿、清扫执行到底，形成制度，维持清扫效果；素养（Shitsuke）——在清扫中促进大学生良好习惯的养成，能够按照规章做事，培养积极主动的心理品质（也称习惯性），逐步建立个人融入集体的习惯，营造团队精神；安全（Security）——重视大学生安全教育，紧绷安全弦，防患于未然，一切都要在安全的前提下进行。

1. 内务整理标准

为了在学校宿舍区营造一个舒适温馨的生活、休息环境，确保大学生宿舍内务整理干净整洁、物品用具摆放整齐规范，应当明确宿舍内务整理标准。

（1）床面

① 床单铺平，无褶皱，被子叠成整齐的豆腐块（摆放在床内侧，正面朝门，枕头放在被子旁边靠墙一侧，统一朝一个方向）。

② 床上清理干净，不摆放其他物品。

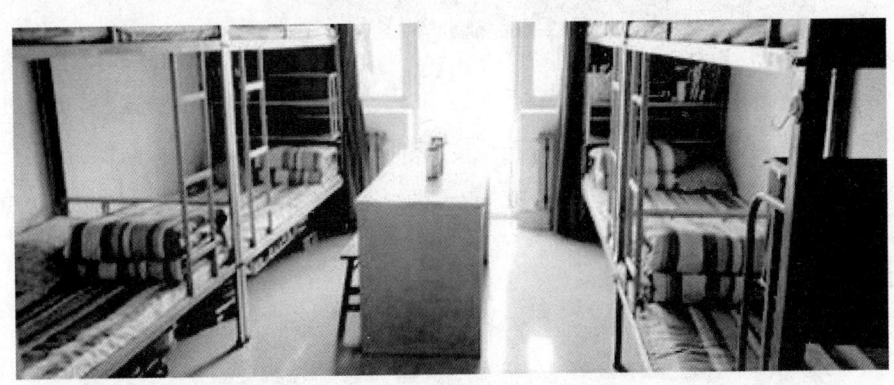

（2）书架

书架内图书、收纳盒等物品必须摆放整齐（杂物须放入收纳盒内，收纳盒大小不得超过书架，不得使用收纳盒以外的盒子）。

图书竖放在书架上，大的靠近墙摆放。

（3）床下

① 盆入盆架，洗漱用品、洗衣粉、洗衣液放到盆里摆放整齐。

② 床下鞋子最多放 4 双，床下禁止摆放其他杂物，如快递箱子、零食箱子等。

③ 每天把床下打扫干净，地面擦干净。

（4）桌面

① 放置水杯，不能堆放纸箱、零食等，须保持桌面干净整洁、无水渍等。

② 人离寝室须将椅、凳置于桌下或桌边。

③ 暖瓶放于桌子下摆整齐。桌洞内物品摆放整齐，禁止摆放零食，桌内

物品禁止露出桌面。

（5）地面

① 值日生每天要做到彻底清扫，保持地面干净整洁。

② 垃圾要放入垃圾桶内，人离寝室须将垃圾带走，并及时倒至公寓指定垃圾点。

（6）墙面

墙面要保持干净整洁，不准粘贴任何物品，不得损坏墙面，墙面不得悬挂衣物和杂物等。

(7)阳台

阳台的杂物摆整齐,阳台地面保持整洁,阳台窗台外侧禁止摆放任何物品(防止坠落)。

(8)行李

行李箱放在柜子上(每个宿舍最多10个行李箱,在柜子上摆放整齐),被子包叠放整齐(叠成豆腐块放至柜子上)。

(9)暖气片

暖气片上禁止晾晒袜子、鞋子等,室内窗台上禁止摆放任何物品。

(10)卫生间

卫生清洁工具摆放整齐;地面做到无垃圾;马桶保持清洁(一天打扫一次),保证厕所无异味。

（11）其他

① 室内不能拉绳、拉线。

② 地面不堆放各类杂物。

③ 窗帘清洗干净并挂好，物品坏了要及时报修。

④ 白天窗帘全拉开，室内要经常通风，保持空气清新。

⑤ 镜子及阳台门窗玻璃每天擦干净。

⑥ 空床上的东西摆放整齐。

⑦ 宿舍内严禁使用大功率电器和开设小卖部。

⑧ 宿舍内禁止进行抽烟、酗酒、打牌等不符合大学生行为的活动。

⑨ 不允许不明身份的外来人员进入宿舍，如果发现要及时报宿管老师。

⑩ 不得留宿外来人员。

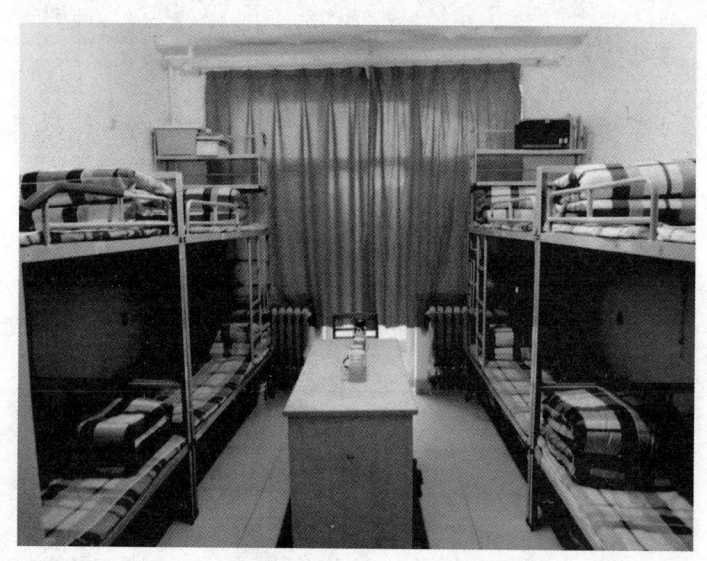

2. 宿舍规范养成

（1）品质培养

为了更好地融入宿舍环境，要严格执行学院制定的宿舍管理规定和卫生安全检查标准，逐条落实宿舍卫生制度。为了建立长效的循环反馈及落实机制，各学校一直探索各种宿舍管理方法，如在宿舍卫生管理上4步走，即拍照片、查问题、抓整改、做点评，形成循环系统；为保障宿舍管理长效发展，各班级组成了辅导员、各班生活委员、学生会宿管部干事、大学生个人4级维护模式，共同维护良好的宿舍秩序。宿舍管理能够有效地帮助大学生塑造个人优秀品质，形成人生信条"优秀是一种习惯，优秀是一种品质"。

（2）制度保障

开展大学生综合评定制度，使素养提升落实到大学生操行考核和综合评定中，将操行考核作为日常行为养成的重要考核指标。在学校开展评优推先评选中，宿舍和教室卫生成绩都是大学生操行考核中的重要成绩。因此，明确了解卫生标准，严格执行值日生制度，持之以恒，能够帮助大学生在期末综合考核中提高综合成绩。操行考核的高成绩是大学生奖学金评定、评优推先的必备考核指标。这种高回报强化了每一位大学生坚持行为养成教育，提升了个人能力和综合素质，并可获得相应奖励，从而提高个人的荣誉感与获得感。

（3）经验分享

在学生宿舍卫生打扫过程中，宿舍长把每项任务落实到人，明确责任意识。

① 针对每个宿舍存在的不同问题，宿舍长要制定出符合本宿舍实际情况的、可行的宿舍管理规定，合理、公平地安排好每天的值日人员，规定好宿舍每个地方的打扫标准，保质保量完成卫生打扫。同时，制定不打扫卫生的惩罚措施，打印出来贴在宿舍墙上。宿舍长要起到模范带头作用，认真打扫卫生，遵守宿舍规定，用行动抓住同学的心。

② 学校做好宿舍卫生监督，每周进宿舍进行突击检查，对优秀宿舍的班级予以表扬、鼓励，增强学生们的自信心。班内生活委员可以根据每月各个宿舍的卫生打扫情况，用专项经费对优秀宿舍进行适当奖励，鼓励大家积极打扫宿舍卫生，养成良好的生活习惯。

③ 教师做好大学生的心理教育。目前的学生都是"90后""00后"，成长环境相较于之前有了极大的改善，因此应帮助大学生养成良好的自我管理能力，对于生活中自理能力稍微欠缺的同学，要耐心指导，使其学会基本的生活技能。常言道，一屋不扫何以扫天下，宿舍的卫生打扫可营造温馨的心理氛围。注重宿舍卫生，培养主动意识，对于大学生个人来说，既能够增加与同学、舍友之间的协作能力，又能提高生活能力，对踏入职场、独立生活也有很大帮助。平时应关注宿舍人际关系，进行宿舍团队辅导，帮助大学生建立宿舍文化，形成良好的宿舍氛围。

④ 物质奖励是促进宿舍卫生的一大举措。学院和院部每月评选出优秀文明宿舍，进行物质上的奖励。例如，洗衣液、牙刷、牙膏、卫生纸等。也有精神上的奖励，即凡是被评选为院级和院部文明宿舍的所有成员均可加操行考核分数。这样既有利于学生们的争取奖学金，也可激励学生们更认真地保持个人

卫生和公共卫生。

（4）安全意识

要严格按照学院规定的就寝作息时间表，避免晚归和夜不归宿；为了个人和集体的生命与财产安全，要使用符合国家规定标准的安全用电设备，不使用违章大功率电器；不在宿舍内使用明火设备，共同维护宿舍安全稳定。

宿舍就是每位大学生的第二个家，宿舍卫生的良好风貌需要大家共同努力维护。大学生要保持个人卫生和维护公共卫生，遵守学校的各项规章制度，一起营造一个良好的宿舍文化氛围。

三、实践探索

生活中践行 6S 管理标准：要与不要，一留一弃；科学布局，取用快捷；清除垃圾，美化环境；清洁环境，贯彻到底；执行标准，养成习惯；安全操作，以人为本。以小组为单位，开展 21 天规范行为养成计划，打造属于自己团队的文明宿舍、课堂、图书馆、校园，每个团队录制品牌小视频。

A4　师生环境

一、精神引领

大学对青年成长成才发挥着重要作用，弘扬高尚的师德师风，共同立德树人，坚定理想信念，齐心铸魂筑梦。大学生要充分利用大学时光充实自己，提高自己的道德品质，共建良好师生环境，借力助力，成就梦想。大学生更要胸怀国家、脚踏实地、学好知识、练就本领，端正成长成才、励志报国的决心。

（一）凝聚师资力量，成就学业辉煌

所谓大学者，非谓有大楼之谓也，有大师之谓也。每所大学为了长远发展，聚集了大批高层次人才，他们具有丰富的教学经验和较强的科研能力，同时对社会有广泛的影响力。大学的定位是更好地服务于地方经济，更好地为大学生服务，为国家培养更多优秀的人才。大学生入校后要树立正确的师生观，立足本专业，着眼于长远发展，积极向专家老师学习。借助课堂学习，凝聚专业教师的智慧，助力个人专业成长。通过学习与实践，掌握实用的专业知识和专业技能，积极参加实习实训，提高工作能力，实现优质就业，成就人生梦想。

（二）尊师重道，感恩教师之爱

党的十八大以来，习近平总书记在关于教育工作的系列重要讲话中，把师德师风建设作为提升新时代教师素质、办好人民满意教育的首要任务，先后用"大先生""筑梦人""系扣人""引路人"等表现力极强的称谓表达了对广大教师的殷切期望，并提出了"四有好老师""四个引路人""四个相统一"等师德建设标准和要求，将教师队伍建设特别是师德师风建设提到了一个前所未有的战略高度。

习总书记在全国教育大会上的讲话中指出，教师是人类灵魂的工程师，是人类文明的传承者，承载着传播知识、传播思想、传播真理、塑造灵魂、塑造生命、塑造新人的时代重任。全党全社会要弘扬尊师重教的社会风尚，努力提高教师政治地位、社会地位、职业地位，让广大教师享有应有的社会声望，在教书育人岗位上为党和人民的事业做出新的更大的贡献。教师之爱，是不求回报的无私之爱，爱教师是学生对老师的崇敬之爱。

大学生不能仅靠高喊尊师爱校的口号，行为上却违背了尊师重道。例如，同学遇见老师视而不见，不主动问好；上课明明迟到，却大摇大摆地晃入教室；课上捣乱，说闲话；课后不完成作业，等等。师生关系的失衡，是影响大学生学习与成长的重要原因。我们大学生要将尊师重道的崇敬之情表现在课堂上，融入生活中。课堂上与教师互动中的目光交流、抬头与点头、积极回答问题、全身心地投入听课，这便是对老师的尊重。下课后，在走廊里看到了老师，一个微笑、一声"老师好"，这也是一种尊重。用文明之道感念师恩，提升个人内涵发展，才能提升自身的修养。

（三）优质就业创业，成功走向社会

大学生经过多年的学习积累，经过国家多年的培养，要将真才实学应用到实践中，为社会创造价值，最终回馈社会。在平凡的岗位中做出不平的事，以激情昂扬的精神、踏实的劳动，用实际行动展现爱国情怀。

1. 加强实践，锤炼功夫

大学生在校期间要积极参加社会实践，充分利用实习实训、顶岗实习的机会锤炼基本功，为走向社会打下坚实的基础。社会发展与进步，需要心智更加

健全、充满正能量的工作者。大学生要利用大学期间的学习与实践，充分锻炼自己，磨炼自己的意志，提高抗挫折能力，打下坚实的体魄与精神基础，才有能力、有能量实现人生目标，服务于社会。

2. 创新思路，实现双创

我们鼓励大学生充分发挥创新精神，开拓创新思路，实现优质就业创业。这是大学生实现人生价值的落脚点。目前国家出台了系列构建双创体系，创新融入、创业培育的相关扶持政策。大学生要端正创业心态，明确国家政策，确立合法有利的创业项目。各地区为了促进大学生创业，建立了创业孵化基地，鼓励大学生发挥聪明才智，利用优势资源提出创意，开展创业行动。

高校以"围绕学生、关照学生、服务学生"为工作理念，高度重视学生的思想状态，着力培养大学生成为中华民族伟大复兴的筑梦者、圆梦人。大学生要坚定理想信念，全面提高个人创新精神和实践能力，夯实思想、理论、技能基础，借助"互联网+"的经济优势，有效提升就业创业能力。

二、实践探索

以习近平新时代中国特色社会主义新思想武装头脑，不断提高政治觉悟和理论，践行社会主义核心价值观。将十九大精神融入美丽校园、多彩生活，养成行为规范，感受校园人文氛围，陶冶情操、构建人格、提高素质，做品德高尚、品味高雅、品质优秀的人。大学，我们来了！我们该如何与良师益友一起开启属于我们的美好校园生活呢？

模块 B
平安校园

平安校园建设主要是指学校内部人、财、物的平安。平安校园建设是社会和谐稳定的要素之一，是维护校园稳定、优化校园环境、促进学校发展的现实需要，是大学生健康成长的内在需要。大学生要想完成学业，实现自己的理想和追求，安全是基本的前提和保障。

B1 电信网络诈骗的预防与处理

一、电信网络诈骗的起源

（一）最早出现的"尼日利亚王子"骗局

如果对电信网络诈骗的起源进行追溯，最早的电信网络诈骗出现在 20 世纪 80 年代的欧美地区，而实施诈骗的嫌疑人主要是身在非洲尼日利亚的尼日利亚人。这种骗术，最先以邮寄普通信件的形式实施，之后演变为以发送传真为主要手段，后期演变成以发送电子邮件为主要模式。在信件中，骗子会自称是来自尼日利亚的王子或高官，由于国内动荡，他需要把在尼日利亚境内的巨额资金秘密转移到国外，因此必须借用他人的名义和银行账户，恳请收件人帮忙接收。与此同时，他会承诺收件人，一旦资金转移成功就会将一定比例的转移资金——一般是 10%，作为报酬送给收件人。如果收件人答应配合这些所谓的王子或高官，过一段时间后骗子就会以事情进展不顺利为由，让收件人先垫付一些手续费和打点官员的费用，当收件人按其要求付款几次之后，骗子就会消失得无影无踪了。

这种骗术在当时极具影响力，尼日利亚政府甚至在 1991 年被迫发表公开声明来辟谣，告知民众这仅仅是一种骗术，尼日利亚国内根本就没有这回事。虽然有官方的辟谣，但是这种"尼日利亚王子"骗局在20世纪90年代依然非常流行，并且周边的几个非洲国家也纷纷效仿，出现了多个其他国家的"王子"骗局。随着这种骗术被公众知晓，后期被"王子"诈骗的人就越来越少了。

（二）日本的"是我是我诈骗"

在亚洲，电信网络诈骗发生比较早的国家是日本。日本电信网络诈骗犯罪的兴起，是在20世纪末到21世纪初。最初出现的电信网络诈骗形式为"是我是我"诈骗。这种诈骗形式的出现，与日本当时的社会和文化背景有着极为紧密的联系。1947年到1949年的日本，第二次世界大战之后的第一次婴儿潮出现，成长起来的这批人是20世纪60年代日本发展的中坚力量。到20世纪末，这些人基本已经年过半百，日本社会逐步步入老龄化时代，于是出现了针对老年人的诈骗活动。其具体诈骗情节为：他们给老年人拨打电话，接通后由一个年轻人扮演受害人的儿子（孙子）或女儿（孙女），哭诉自己在外欠款被追债；接着，另外一个人以黑社会口气威胁受害人偿还"所欠债务"，否则就杀掉受害人的儿子（孙子）或女儿（孙女）。因为电话接通后冒充老人亲属的骗子会先说"是我是我……"，所以这种骗术在日本叫作"是我是我"诈骗，接到电话的老人因为关心子女，很多人在情急之下会转账或汇款。

（三）我国台湾地区的电信诈骗

说起电信网络诈骗，必须要提及的就是我国台湾地区。我国台湾地区并不是电信网络诈骗的起源地，但是电信网络诈骗发展于台湾地区，兴盛于台湾地区。东南亚地区常见的骗术一般都由我国台湾地区首先"发行"，之后再传播到其他国家和地区。这些骗术在传播中会不断翻新，让人防不胜防。我国台湾地区电信网络诈骗的雏形，应该出现在20世纪90年代的中后期。它主要是以刮刮卡或六合彩中奖的名义，声称受害人中了刮刮卡和赌马等大奖，由此通知受害人，领奖前要缴纳一定额度的税金、公证费才能完成领奖手续，以此为由让受害人转账或汇款。进入21世纪后，这种低成本、高效率的犯罪模式迅速在我国台湾地区兴盛起来，电信网络诈骗成为台湾地区的主流犯罪形式，并演化出假绑架、冒充熟人、冒充公检法官员等各种新的诈骗类型，台湾地区居民因此苦不堪言。台湾地区有关主管部门为了遏制电信诈骗的高发态势，于2004年2月6日设立了电信诈骗咨询热线，随后更名为"165反电信诈骗咨询热线"，

24小时向民众提供电信诈骗咨询，并于2016年推出"165反诈骗"APP手机应用。因为台湾地区警方的治理、打击，以及民众防范意识的不断提高，电信网络诈骗在台湾地区的生存空间越来越小。

（四）本土化电信网络诈骗

电信网络诈骗最初出现在中国大陆是在2004年前后。其主要模式是：我国台湾地区的诈骗分子雇用福建等沿海省市民众作为帮手，拨打电话来诈骗广大民众。一段时间后，被雇用的帮手也学会了这些诈骗术，且在学习诈骗的过程中掌握了一些资源，了解到了完整的流程。就这样，电信网络诈骗逐步扩散至我国各省市。

地域不同，当地涉及的电信网络诈骗犯罪的手段也有区别。大致可以概括为如下几种：福建的刷信誉、补贴类诈骗；海南的假机票、中奖类诈骗；江西的重金求子诈骗；河北的冒充黑社会敲诈勒索；湖南的PS照片敲诈勒索，等等。

电信网络诈骗已成为一种国际罪行，成为新时期危害全世界财产安全的一种重要的财产类罪行。

二、电信网络诈骗的定义

关于"电信"一词，国际电信联盟（International Telecommunication Union——ITU，简称国际电联）给出的定义是：使用有线电、无线电、光或其他电磁系统的通信。按照这个定义，采用任何形式，包括符号、文字、声音、图像及由这些组合而形成的各种可视、可听或可用的信号，向一个或多个确定的接收者发送信息的过程都称为电信。在我国只要一提到"电信"一词，人们马上就会联想到电信运营商及其从事的信息通信业务。《中华人民共和国电信条例》（2016年修订）第八条规定："电信业务分为基础电信业务和增值电信业务。基础电信业务，是指提供公共网络基础设施、公共数据传送和基本话音通信服务的业务。增值电信业务，是指利用公共网络基础设施提供的电信与信息服务的业务。"尤其应当指出的是，"电信"一词已经成为我国乃至世界著名电信运营商的企业名称，如中国电信集团公司简称中国电信（China Telecom）、英国电信集团公司简称英国电信（Britain Telecom）等。

电信网络诈骗的定义为：电信网络诈骗是指不法分子利用通信、互联网等技术或工具，通过发送信息、拨打电话、植入木马等手段，编造虚假信息，设置骗局，对受害人实施远程、非接触式诈骗，诱使受害人给犯罪嫌疑人汇款或转账的违法犯罪行为。

三、我国电信网络诈骗的基本现状

我国电信诈骗案件的涉案记录不断被刷新，2013年至2016年8月，全国共发生被骗千万元诈骗案件104起，百万元以上的案件2 392起。特别是，2015年贵州发生的"12.19"亿元特大电信网络诈骗，是一起由我国台湾地区犯罪嫌疑人操纵并在大陆地区统一招募话务人员、统一办理出国手续、统一组织集体出境、统一食宿进行管理、统一组织业务培训、统一分配工号上岗、统一发放工资提成，赴非洲国家搭建话务窝点，冒充中国"公、检、法"机关工作人员，利用非法渠道获取的国内公民信息，通过国家透传线路、改号软件和远程操控等技术手段骗取钱财的特大网络诈骗事件。

2015年以来，公安部牵头国务院打击治理电信网络新型违法犯罪工作部级联席会议23个成员单位，深入推进打击治理电信网络新型违法犯罪专项行动，电信网络诈骗的发展势头初步得到控制。统计显示，2017年以来，各地警方严厉打击电信网络诈骗犯罪，先后返还群众被骗钱款3亿余元。2017年，全国公安机关共立电信网络诈骗案件53.7万起，同比下降6.1%；破获电信网络诈骗案件7.8万起，同比上升55.2%。根据某互联网公司公开的数据显示，2017年第四季度电信网络诈骗造成损失金额43.9亿元，电信网络诈骗违法犯罪分子依然猖獗，国家打击治理电信网络诈骗的任务依旧任重道远。

四、电信诈骗重点类型骗术揭秘及防范技巧

（一）冒充特定身份类诈骗

1. 冒充公检法部门人员诈骗

案例一：拉萨市公安局对冒充公检法人员诈骗案侦查

2017年12月8日，赵某接到冒充公检法人员的电话，称有人盗用其身份信息办理银行信用卡，需要向上海浦东新区公安局经侦支队报警，并帮其转接。之后，先后有自称警察、检察长的人声称，需要查赵某所有银行卡账户资

金，并要求赵某将该资金转入公安局的安全账户中，对方称：如果该资金排查无犯罪资金，会将这笔资金返还。赵某按照对方要求操作，共将 715 700 元划入对方账户。之后，赵某觉得事有不妥，向拉萨市公安局报案。西藏自治区公安厅高度重视，责令拉萨市公安局迅速查清事实。

案例二：冒充公检法人员诈骗120万元

2015年4月15日下午五点，郑州市市民王丽收到一张上海市高级人民检察院的刑事拘捕命令，到4月18日凌晨3点用120万元保证金换来了一张取保候审证明，王丽终于把一直提着的心放到了肚子里。但令她万万没想到的是，她上了电信诈骗的当……

王丽在上海出差时接到了一个来自95588的电话，自称是中国工商银行河南分行的工作人员，告诉王丽，她的工商银行信用卡已到最后还款期限，还款金额为135 680元，并告知可以拨打上海市杨浦区公安局电话报警处理，还提供了一个电话号码。因为王丽在上海人生地不熟，就按所谓工商银行工作人员的要求拨打了所提供的电话报警。接电话的自称是上海市杨浦区公安分局的"何警官"。这位"何警官"称王女士因涉嫌贩毒洗钱，要采取刑事拘捕措施，还有一份涉嫌贩毒洗钱的刑事拘捕命令，并提供了一个网址，让她进行信息核实。王丽打开电脑，按要求输入网址后，发现上面显示的是"中华人民共和国最高人民检察院"，在"何警官"的提示下输入6位案件查询号后，网页上显示出"全国通缉令公告"，显示的是她的头像和身份证上的信息及她的联系电话，还显示了一些涉嫌的犯罪、声明、备注等内容。王丽当时就吓愣了，只有再打电话给"何警官"。"何警官"称，因案件性质恶劣，必须冻结王丽名下的所有账户。然后，要进行电子资金审查，把王丽自己名下所有的资金汇集到一张网银卡上，以证清白，而且还要保密，此事谁都不能告诉。就这样，王丽同意保密，并在晚上10点多钟通过网银把两张银行卡上的63万元转到了一张建设银行卡上。随后，对方表示，如果要撤销刑事拘捕令，还需要交纳120万元的保证金，王丽也依言照办。过了几天，感觉到有些异样的王丽才忐忑地告诉家人这一系列经过，随即在家人的陪同下报警。

骗术揭秘

此类电信网络诈骗的套路大概可分为以下 4 步。

第一步　受害者会接到由犯罪分子通过改号软件以外地公检法号码打来的电话，自称公检法人员，并提供转接服务。

第二步　所谓的公安局接话人员会以受害者涉嫌犯罪为名，称会对受害者进行拘捕，并要求冻结受害者所有账户。如果受害者不相信，他们会打出刑事拘捕命令、全国通缉令等幌子。

第三步　由于是外地公安局，受害者无法立即到案说明情况。这时检察官就会"现身"，以电子资金审查或存入安全账户为名，让受害者把所有资金转到一张银行卡上。如果受害者不配合资金审查，就宣称将对受害者的账户进行冻结。

第四步　按照他们发送的网址，接通"公检法部门"的互联网远程操作系统，在受害者登录后，不法分子对受害者账户上的所有资金进行审查和监管，然后乘机转走款项。

犯罪嫌疑人提供的"刑事拘捕命令""全国通缉令"，是犯罪嫌疑人最终获得受害者完全信任，并且使受害者积极配合转账、汇款的杀手锏。犯罪嫌疑人会冒充法院或检察院，制作一个假冒的官方网址，外观与真实的人民法院或检察院一模一样，唯一不同的是增加了一个查询页面。犯罪嫌疑人在与受害者的沟通过程中已经获得受害者的基本信息，并从后台做了录入处理，受害者按照犯罪嫌疑人的提示输入个人信息时，网页上就会显示出一张受害者本人的通缉令，受害者看到自己的确被通缉，为了洗脱嫌疑，就会按照对方的要求进行操作，从而被骗。其实，这些通缉令都是犯罪嫌疑人臆想出来的，名称、用词、格式等都不对，只要稍加辨别，就能看出这是一份假造的法律文书。

防范技巧

凡是对方让你登录网站下载通缉令、将资金转账到安全账户、开通网银接受检查的，都是骗子惯用的伎俩。国家公检法机关工作人员绝不会通过电话通知犯罪嫌疑人涉案，更不会让犯罪嫌疑人上网浏览自己的通缉令或逮捕令，或者将这些材料邮寄到个人手中。如果有疑问，可拨打当地反诈骗中心电话进行咨询，紧急情况可直接拨打 110 报警。

2. 冒充教育局、财政局工作人员诈骗

案例：徐玉玉被骗致死案

2016年8月19日，山东省临沂市高考录取新生徐玉玉被不法分子冒充教育、财政部门工作人员诈骗9 900元。之后，徐玉玉伤心欲绝，郁结于心，最终心跳骤停，不幸离世。

徐玉玉案由最高人民检察院和公安部联合挂牌督办，经山东省临沂市人民检察院审核终结，于2017年4月17日向临沂市中级人民法院依法提起公诉。检查机关经审查认定，2015年11月至2016年8月，被告人陈文辉、郑金峰等人交叉结伙，通过网络购买学生信息和公民购房信息，分别在海南省海口市、江西省新余市等地，冒充教育局、财政局工作人员，以发放贫困学生助学金为名，以高考学生为主要诈骗对象，拨打电话骗取钱款，金额共计人民币56万元，通话次数22.3万余次，造成山东省临沂市高考录取新生徐玉玉死亡。2016年6月至8月，被告人陈文辉通过腾讯QQ、支付宝等工具从杜天禹处购买非法获取的山东省高考学生信息10万余条，并使用上述信息实施电信诈骗活动。

骗术揭秘

利用补助、救助、助学金等虚假信息进行网络诈骗案的主要特征是：犯罪分子通过技术手段获取被害人的精准信息，然后冒充民政、教育等单位工作人员，向困难群众、学生或学生家长打电话、发短信，谎称可以领取补助金、救助金、助学金，让其提供银行卡号，然后以资金到账查询为由，指令其在自动取款机上进入英文界面操作，将钱转走。

防范技巧

针对助学金类型的诈骗，2018年4月3日，全国学生资助管理中心发布2018年第1号预警，提醒广大学生及家长提高警惕，不要被电话、短信、微信中的诈骗信息蒙蔽，无论是哪个单位或个人提供资助，都不会要求学生在电话中告知身份证号、银行卡号、手机验证码等信息，也不会要求交纳任何费用或在ATM（自动取款机）和网上银行进行操作。如果有类似要求，应先向学校老师和当地教育部门咨询，千万不要擅自按照对方的要求操作，以免上当受骗。针对其他补助金、救助金类型的诈骗，需要了解相关补助或救助的政策，政府提供的补助根据需要提供个人身份证、户口本及相关凭证才可领取。而且，一般会以公平、公开、公正的方式通报大家，不会要求个人将钱转至指定账户，更不会让个人持有存款的银行卡到 ATM 上进行操作。

（二）冒充亲友、老师、领导类型诈骗

1. "猜猜我是谁"系列诈骗

案例一：冒充辅导员电话诈骗——大学生实习期间被骗 3 000 元

"喂，小琳，你好，最近一段时间没见你，你还好吧？""你是谁？"小琳问道，"你猜猜我是谁。"小琳一听很像她的辅导员的声音，立即说："你是王老师啊。""我现在在外面买东西没带钱包，你能不能先从支付宝借我点？" 4

月 10 日，今年刚实习的海南某大学生小琳（化名）万万没想到，骗子竟然声称是自己的辅导员，从她手里骗走了 3 000 元。这 3 000 元是小琳实习期第一个月全部的工资。之后，当小琳拨通骗子的电话想讨个公道时，对方电话却将她拉黑了。

案例二：冒充领导，诈骗现金

2017 年 2 月 24 日 17 时许，季某接到一个陌生电话，要求他本周六到公司见面。季某以为是公司领导来电，当时就答应了。2017 年 2 月 25 日 8 时 45 分，季某到公司门外等候。8 点 50 分对方给季某打了一个电话称公司有事，让其在楼下耐心等候。几分钟以后，对方再次给季某打来电话，要求季某帮他给人转账 2 万元人民币，并约好见面的时候还给他现金。季某通过手机银行向对方提供的工行账户成功转账之后，对方再次要求季某转账 6 万元。季某按照要求，给对方提供的另一个工行账户又转账 6 万元。又过了几分钟，对方第三次要求季某转账，季某这才感觉事情有些蹊跷，便向同事核实了领导的电话号码，原来来电者根本不是他的领导。

骗术揭秘

最早的时候，此类骗术的模式为犯罪嫌疑人随机拨打电话，接通后直接向对方说："猜猜我是谁啊？"或"你还记得我吗？"一些受害者很容易误认为是许久未联系的好友来电。只要受害者随便说出某个人的名字，犯罪嫌疑人就会立刻顺嘴答应，自称是受害者说的那一个人，然后找各种理由，如出车祸或在外出差没带现金等寻求受害者的帮助，让受害者向指定银行账户转账或汇款。这种诈骗术曾风靡一时，被称为"猜猜我是谁"系列。近几年，这种骗术逐渐被群众知晓，利用"猜猜我是谁"诈骗成功的事件越来越少。犯罪嫌疑人为了增加受害者的上当概率，对这种骗术进行了调整，由"猜猜我是谁"变成"我是你领导"。犯罪嫌疑人在与受害者接通电话后，先直呼受害者名字，然后用不容置疑的口气告知受害者，第二天早上到办公室谈事情。这样一来，易让受害者误认为来电的是自己的上级领导。第二天早上，犯罪嫌疑人会再次主动联系受害者，说自己正在办公室接待上级（或客户），让受害者暂时不要去办公室找他，先去帮他给别人转账，通过这种方式骗取财物。

防范技巧

如果接到此类诈骗电话，不要去猜而应直接询问对方姓名；在无法确认对方身份时，可通过第三方亲朋好友进行核实或提出见面要求，如对方百般推脱，可以洞察其破绽；当对方说自己遇到突发事件，急需用钱，这时就要核实事件的真假——可以向相关办案部门了解，有条件的可以亲自前往或委托亲友前往事发地；一旦确定对方是骗子，应立即拨打110报案。

2. 冒用聊天工具中的熟人进行诈骗

案例一：盗用QQ账号冒充QQ好友诈骗

万某在家中上网，有人盗用其朋友的QQ号与其聊天，说其急需用钱，叫其汇点钱给他并给了一个工商银行账户。万某看见是朋友就信以为真，通过网上银行将4 000元汇入对方给的账户。后打电话给朋友，朋友称QQ号被盗没有向其借过钱，万某才发现被骗。

案例二：微信申请好友诈骗

2016年12月2日上午9时许，受害者杨某的微信忽然收到一个好友申请，对方微信昵称为王某。杨某有一同事叫王某，对方头像也的确是王某，杨某就以为对方是同事王某。加为好友后，对方称现在需要用钱，但他的支付宝限额已经用完，让杨某帮忙转账到一农业银行账户。杨某通过网银转账3 800元后，对方要求他继续转账，杨某告知对方没有资金可以转账了，对方就将他的微信号删除了。杨某事后联系同事王某，王某告知并没有向他借钱。杨某再次确认号码，的确不是同事王某的微信账号，才知道自己被骗了。

骗术揭秘

冒充聊天工具中的熟人，譬如亲朋好友或单位领导的网络诈骗，大多是不法分子利用木马程序盗取对方的密码，截取对方聊天记录，熟悉对方情况后，冒充聊天工具账号的主人对其好友以"急需用钱"或其他紧急事项为由实施诈骗。目前，还有专门盗取公司总经理QQ账号后，然后以总经理的名义要求财务人员给指定账户内汇款的骗术。

防范技巧

目前QQ，尤其是微信等网络聊天软件已经成为人们的主要社交方式和组织交流沟通工具。在自媒体时代，以QQ或微信网络账号作为虚拟身份，"只见信息不见真人"的沟通方式，最容易被网络诈骗分子利用进行诈骗。针对这种诈骗手段，要做到以下几点进行防范。

第一，无论是电脑还是智能手机，一定要安装杀毒软件和防火墙，并且定时查杀。如果发现账号存在异常一定要及时更改密码。

第二，当QQ或者微信等聊天工具或社交账号有新的好友申请时，即使头像和名字是认识的朋友，也要通过其他渠道进一步核实，确认无误后再加为好友。对于不认识的人，一定不要随意加为好友。这样的话，既可以防止冒充熟人类的电信网络诈骗，还能有效保护自己的个人隐私。

第三，当有人通过QQ或者微信等社交账号要求转账或汇款时候，一定要通过其他途径进行核实，确认无误后再转账或汇款。

第四，如果是单位的财会人员，要特别注意，即使是老板通过聊天工具要求转账或汇款，也一定要通过其他途径核实，严格履行单位相关财务制度的规定。这既是对自己负责，也是对公司的资金负责。

（三）恐吓类诈骗

案例："黑社会"打来敲诈电话

2015年9月17日，王某报案称，有人打电话威胁要殴打其在安徽某大学上学的儿子。电话中，对方操东北口音，准确说出了王某的姓名及其儿子所上大学的相关信息。打电话的人自称是东北黑社会人员，王某自己得罪过人，就以为这些人受人之托欲找其麻烦。对方称只要花钱即可了结此事，否则将危及王某及其儿子的人身安全。王某虽将信将疑，但因担心儿子的人身安全，还是将5 000元汇至对方指定账户。事后，王某越想越觉得可疑，于是报警。

骗术揭秘

此类诈骗从案件性质上来说，并不属于诈骗，而是属于敲诈勒索。但由于符合电信网络犯罪的远程非接触的特征，所以一般也把此类犯罪在防范宣传及案件侦查时归属于电信网络诈骗范畴。此类犯罪能够成功实施，主要是利用了受害者胆小怕事、息事宁人的心理。犯罪嫌疑人实施此类犯罪时，一般先通过非法手段购买个人信息，有针对性地拨打。电话接通后，犯罪嫌疑人往往自称为东北黑社会人员或操东北口音，让人误以为是黑社会人员，之后会告知受害者因为一些事情得罪人了，结下了仇怨，仇家花钱向受害者寻仇，这时受害者为息事宁人就会向犯罪嫌疑人汇款或转账。

防范技巧

接到此类恐吓诈骗电话时，一定要保持镇静，不要怕、不要慌张，要认真分辨真伪。面对对方的威胁、恐吓，只要针锋相对地回过去一两句，犯罪嫌疑人一听自己占不到什么便宜，就会挂断电话，知难而退。无论是冒充的黑社会人员还是真的黑社会人员，警察永远是他们的克星，接到恐吓电话后，一定要记得及时报警。

（四）中奖类诈骗

案例：《奔跑吧兄弟》中奖诈骗

2016年7月底，某高校大一新生蒋同学收到短信称，他被《奔跑吧兄弟》节目选为场外中奖人，奖励18万元和电脑一台。他没有理对方。过了几天，对方又打来电话，自称是法官，说当天为领奖最后一天，如果他不把手续费交到浙江电视台，电视台就会起诉他。之后，对方发来一个账号，他心里害怕就通过支付宝转到对方账户12 000元，不料再也联系不上对方，这才发觉被骗。

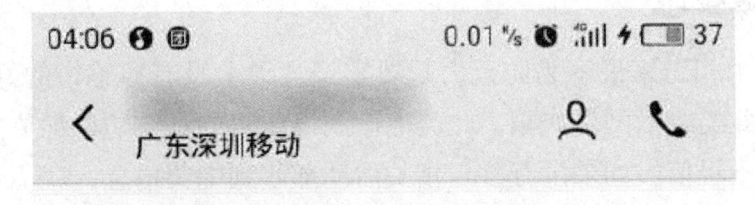

骗术揭秘

此类骗术利用的就是受害者的贪念，即他们相信"天上掉馅饼"的谎言，甚至发现情况异常也抱着侥幸心理去转账、汇款，最后免不了上当受骗。最常见的"中奖类"诈骗手段是，犯罪嫌疑人通过手机短信向受害者群发短消息，自称是知名电视节目或购物网站工作人员。他会通知受害者作为幸运观众中了奖，将获得现金和笔记本电脑等奖品，要受害者登录"节目的官方网站"，以完成奖品领取手续。实际上，这个所谓的"领奖网站"，就是犯罪嫌疑人制造的山寨网站，目的就是骗取受害者的个人信息及刊登所谓的"领奖公证处"电话，诱使受害者主动拨打电话联系犯罪嫌疑人，以便犯罪嫌疑人以栏目组、公证处的名义要求受害者先行交纳手续费、公证费、税费等费用。如果这时受害者心存怀疑没有交纳费用，犯罪嫌疑人就会冒充公检法工作人员或律师与受害者联系，告知受害者没有履行领奖合同，还会说如果不交纳费用，就要对受害者提起诉讼，将由此承担高额的违约金甚至坐牢。有一些受害者就会在"贪"和"怕"的共同作用下，向对方转账、汇款。

防范技巧

此类骗术相对来说容易防范，只要牢记"天上没有掉馅饼的好事"，基本就能够抵御此类电信网络诈骗。此类电信网络诈骗的具体防范细节如下。

第一，不轻信。如果没有参与相关活动却收到中奖信息，就不要轻信。

第二，谨慎核实。如果参与了相关活动，接到中奖电话，也必须谨慎核实。要通过多个渠道核实事件的真实性，如可以查询相关官方网站或拨打官方客服热线进行验证。涉及中奖须提前缴纳税款的，应知道中奖类的个人所得税应由主办方扣除，不需要中奖者提前缴纳，更不会发生中奖人因未领奖而被起诉的情况。

（五）钓鱼网站类诈骗

案例：点击非法网站，现金秒转走

2015年12月30日，北京的刘先生收到一条由95555发来的短信，短信告知"尊敬的客户：您的手机银行将于次日失效，请登录我行手机网wap.cbmnhina.com进行认证，逾期失效，敬请留意！［招商银行］"。这是诈骗分子利用伪基站冒充95555发送的短信，并提供一个网址也极其相似的网站（官方网站为cmbchina.com）来迷惑受害者。刘先生并没有过多的怀疑，就用手机打开了网址。页面要求填写姓名、身份证号、银行卡卡号、交易密码、预留手机号信息。点击确认后，又需要填写一个验证码。点击后，确实收到了银行发送的验证码信息，填写进去后没过多久，银行卡里的钱就被转走，一共被盗刷了49 999元。

骗术揭秘

利用钓鱼网站实施诈骗，犯罪分子一般以银行协议失效或银行网银升级为由，要求受害人登录假冒银行的钓鱼网站，进而获取受害人的银行账户、网银密码及手机交易密码等信息实施诈骗。不法分子设立的钓鱼网站通常利用欺骗性的电子邮件和伪造的互联网站进行网络诈骗活动，获得受骗者的个人和银行卡信息后立即窃取资金并进行转账。

防范技巧

当看到一份警告邮件或短信，告诉你的账户受到破坏时，要提高警惕，这很可能是不法分子设立的"钓鱼信息"。一定要对网址信息进行核实，钓鱼网站一般与真实网站有细微区别，有疑问时要仔细辨别其不同之处。例如，上述案例中招商银行的官方网站域名http://www.cmbchina.com被替换成wap.cbmnhina.com。又如，icbc.com被替换为1cbc.com、10086被替换成I0086等。另外，钓鱼邮件或短信通常都使用一般性称谓，因为在多数情况下，钓鱼者并不拥有用户完整的身份信息，而他们会通过批量发送短信或邮件的方式实施诈骗，所以在称呼受害者时无法写明受害者的真实姓名，只能称呼为"尊敬的客户"。接到类似短信或邮件一定要提高警惕，不要点击短信或邮件中的网址，以防被骗。

（六）网购退款类诈骗案

案例：网络购物退款不成反被骗

2013年11月12日20时许，一位姓曾的女士接到一个电话，称曾小姐在淘宝上选购了一件大衣，由于系统故障支付不成功，店主决定退款到曾小姐账号，并请求重新支付。因昨日曾选购一件大衣，于是曾小姐按照对方指示打开QQ，并点开一个对方发来的链接进入到一个支付失败的页面。曾小姐点击"退款"并输入账号、密码及银行卡信息后，没多久银行就发来信息显示扣款成功。截至11月12日20时37分，曾小姐的银行卡一共被扣款5笔，共计3 840元。

骗术揭秘

近几年来网络购物逐渐兴起，通过网络进行购物的人群不断扩大，利用网络购物进行诈骗的案件也随之呈高发态势，受骗人数也逐步增多。犯罪嫌疑人首先利用非法渠道，获取受害者的网购信息。然后，冒充卖家（客服）联系，以重新付款或退款的方式诱骗受害者登录虚假网站，填写银行卡信息付款，或者直接获取银行卡验证码，盗刷受害者银行卡内的资金。犯罪嫌疑人利用的是受害者对网购程序不是非常了解、对银行卡安全性掌握不充分的漏洞进行的诈骗。

防范技巧

当遇到自称卖家电话，说需要退款或重新支付的时候，一定要亲自登录购物的官方网站，通过其官方平台与对方联系，核对相关信息的真伪，千万不要点击所谓店家给予的网址，更不能在这些网页上填写任何信息，也不能告知对方银行发送的验证码。正常网上购物的退货程序都是在购物官方网站或平台上通过退货程序将购物款原路退还给消费者消费时使用的银行卡或第三方支付平台，不会更换退款途径。

（七）网络兼职类诈骗

案例：网络兼职不成反被骗

周先生在上网时，一则网络做兼职的信息——每单可返款5至30元的广告吸引了他。对方告诉他，只要购买他们网店的游戏点卡，然后将收货后的订单号截屏发回，再给出好评，帮网店刷信誉，就能获得返利，而且每单数量越多，返利额也越多。"这家网店内某网络游戏点卡的价格是每张30元，返还价格是每张33元，每张我能赚3元。"本着试一试的态度，周先生按照对方的流程花90元购买了3张点卡。不久后，周先生果然收到了对方通过支付宝发回的90元本金和9元的返利。"真的有赚头！"兴奋的周先生被这9元的返利冲昏了头脑，立刻再次向对方购买了1 000多元的游戏点卡并等待返利。然而结果可想而知，这次没有了任何返款，1 000多元因9元的小利打了水漂。

骗术揭秘

此类诈骗术，一般是以网络打字兼职或为购物网站刷信誉为借口来实施的，利用的就是受害者想多挣点钱的心理。这种诈骗与其他电信网络诈骗案件相比，单起被骗案值并不高，少的几百元，上万元就算此类诈骗中案值比较高的了。但是，此类诈骗案发数量大，受害者多，累积起来并不是一个小数目。其受害群体以在校大学生或刚刚步入社会的青年居多，虽然被骗金额非常有限，但对受害人的个人影响还是非常大的。

此类骗术一般可分为两类：一类是骗取报名费和手续费；另一类是以刷信誉为借口骗取投入资金。骗取报名费和手续费类的诈骗术，一般以招聘网络兼职打字员或网络招工为诱饵，以交纳报名费和手续费等为借口要求受害者转账、汇款，一旦受害者汇款之后，就会发现再也联系不上他了。骗取投入资金的骗术，一般是以网络购物刷信誉为借口，利用网络平台发布刷信誉兼职信息，受害者与其联系后，会领到所谓的任务，即购买商品返还佣金或充值返现赚佣金。犯罪嫌疑人声称，可以将购买商品金额返还受害者，并按一定比例发放佣金。刚开始的时候，受害者只需完成小额任务，就会得到嫌疑人承诺的返款及佣金，待受害者完全相信后，犯罪嫌疑人就会诱惑受害者进行大额交易，并称佣金更高。但在受害者完成任务后，以"卡单""事主账户有问题""交易金额不足"等为由拖欠返款，并要求受害者继续购买。多次反复后，受害者才发现上当受骗了。

防范技巧

当通过网络平台找工作或兼职的时候，不要被高报酬盲目吸引，特别是对方要求预先交纳保证金及其他费用的时候。刷信誉值、刷钻等活动本身就属于违反《消费者保护法》《反不正当竞争法》等法律规定的违法行为，应当避免参与此类工作。

（八）订票、改签类诈骗

案例：机票一改签，损失四五万元

2015年1月24日，事主谢某在网上订了一张1月29日的北京到深圳的飞机票。1月28日12时许，谢某的手机收到一条短信，短信称其预订的航班因飞行系统故障已被取消，为避免影响行程请他联系客服办理改签，并留有一个400的客服电话。谢某依言与客服进行电话联系，对方让她到银行转账工本费10元。按照对方提示，谢某在ATM上进入英文界面，输入了交易单号和验证码，之后发现自己银行卡里的45 000元被转走。

骗术揭秘

飞机已成为很多人外出旅游的重要交通工具，有些犯罪嫌疑人也把目标盯上了乘机出行的人，随之出现了"假机票"诈骗。以机票为借口，实施的诈骗主要有以下两种。第一种是假客服售卖机票诈骗。有些人贪图便宜，想购买低价机票，往往通过网络搜索引擎来查找低价机票代理商。但搜索结果中出现的提供超低价机票的网站，其实都是虚假网站或是山寨的知名网站，是犯罪嫌疑人为博取受害者的信任特意设立的网站——通过所谓的客服诱导受害者汇款或转账，受害者根据对方要求进行操作支付款项后，却拿不到机票。第二种是机票退改签诈骗。这是一种常见的骗术，犯罪嫌疑人通过非法手段获取受害者准确的出行航班信息，利用受害者购买机票登机前的时间差，冒充航空公司向受害者发送虚假短消息，声称受害者乘坐的航班因为种种原因取消，要求受害者改签航班或退票，并告知需要交纳少量的改签费或领取一定金额的补偿，同时留有一个400客服电话，让受害者拨打这个电话。受害者拨打电话后，客服就会以领取补贴或交纳改签费的名义，诱使受害者进行转账操作。有些犯罪嫌疑人会诱使受害者进入ATM的英文操作界面，输入交易单号、验证码等信息。实际上，在犯罪嫌疑人那里，所谓的交易单号就是他自己正在有效使用的银行账号，验证码就是转账金额。

防范技巧

首先,要通过正当渠道购买机票。出行需要购买机票时,一定要去正规的航空公司或代理处办理相关业务。其次,现在航班取消的信息真假参半,有的是犯罪嫌疑人在行使诈骗术,有时候的确是飞机航班因故取消了。当收到航班取消的信息后,要谨慎核实:应该通过各大航空公司的官方电话核实,而不要用短信中的客服电话进行联系。现在有很多 APP 有查询航班动态功能,因此可以通过官方 APP 进行查询,核实航班是否取消。如果是航空公司或不可抗力等原因造成的航班取消,航空公司的改签业务是不需要交纳任何费用的,凡是要求去 ATM 进行操作或网银转账支付的,便可以判断对方一定是骗子。

五、我国电信网络诈骗案件频发的原因分析

(一)转型期中国社会结构失衡导致

我国自实行改革开放政策以来,就进入了社会转型期。社会转型是从一种稳定的社会结构状态向下一个稳定的社会结构转变的过程。这个转变过程非常复杂,涉及社会的各个方面,如经济结构、文化结构、道德结构等。在社会转型过程中,很有可能由于不同社会发展要素发展的不平衡,导致众多社会问题的产生。从长远的角度来看,这些问题的出现是社会转型时期特有的产物,是一种正常的社会转型期出现的矛盾。但是如果不给予高度的重视并采取有效的治理手段,这些问题很有可能会影响整个社会的转型过程,从而造成严重的社会危害。

电信网络诈骗这一社会现象,从总体上可以认为是社会转型期所遇到的一个极其负面的社会问题。它是特定发展阶段社会发展不平衡的一种具体体现,其中涉及的因素主要包括:社会经济结构失衡、良知与道德沦丧、法律治理滞后、网络运营商主体责任缺失等。互联网的虚拟性、隐蔽性等特征使得这些因素之间的矛盾能够在一个新的社会平台中得以迅速展现。互联网作为一个新的社会纽带与载体,本应展现出技术中性,但是因为这一全新领域的出现让法律体系、道德规范的发展与进步难以追上互联网的发展,所以在这样一个相对空白的阶段,诈骗分子就有了可乘之机。但问题不仅仅在于电信网络诈骗本身,

而是应该深层次解释犯罪分子的底层心理和道德良知，因为这样的底层心理将会对社会结构演变的进程有着极为深远的负面影响。

经济结构和社会价值体系的变化与原有的道德模式及法律模式的发展并不匹配，从各种电信网络诈骗案件来看，社会结构转变引发的矛盾已经作用到人们的底层心理。经济因素被过分放大造成了很多人内心价值体系的失衡，只追求利益至上的原则，从而破坏了原有的心理平衡机制。网络为广大群众提供了交互的平台，在网络上群众原有的地域时空界限被彻底打破，某些社会因素的传播变得极为迅速而广泛：经济发展被过分放大，金钱作为价值判断标准的偏执心理凌驾于其他一切因素之上。在这样的价值模式驱使下，很多人为了达到经济上的目标甚至突破了法律的界限，他们利用网络技术进行集团化的、系统化的犯罪，甚至在某些地区（有些乡村大量人员参与电信网络诈骗），这种失德行为蔚然成风，已经变成了一种病态社会现象。而我国的互联网目前存在商业氛围过于浓厚、金钱至上主义广泛传播、传统道德形态与环境恶化、社会浮躁心理盛行等问题，为不法分子提供了犯罪的土壤和环境，也就产生了综合利用这些信息环境和技术手段实施的违法犯罪行为。

（二）网络环境中的个人信息透露

互联网技术发展至今，个人信息特别是身份证号、住址、电话等基本信息在流动过程中的多个环节均会以不同的方式泄露。例如，网络购物平台掌握客户网购订单信息、航空公司掌握航班机票信息、各种手机理财 APP 拥有个人金融账号等。这些网站防火墙一旦被黑客侵入，个人信息数据库将暴露无遗。更严重的是，这些掌握个人信息资产数据的互联网企业员工或市场上的一些电信运营商、银行、保险公司、快递公司等员工为谋取私利向违法机构和个人倒卖公民个人信息的现象日益猖獗。再加上有人可能仅仅为了获取商家的一点小礼品，用二维码扫描或下载各种各样的商家 APP，这些商家一般要求用户进行注册，在这样的诱惑下我们不知不觉地泄露了个人信息。经了解，目前倒卖个人信息已成为黑色产业链，不法分子可以轻易购买到特定人群的信息。在这个黑链条中，既有供给人员，也有促成交易的中间商。黑客或内鬼拿到最新泄露的信息后，会通过 QQ 群、论坛等途径倒卖给使用者，或者经过掮客注水加工后，倒卖给下游的诈骗者或其他使用者，各自的环节自成一体，交易时互不见面。

（三）犯罪成本低，防控难度大

首先，犯罪成本低是我国电信网络诈骗犯罪高发的重要原因。从经济成本来看，电信网络诈骗的成本低，回报率高。以许大明案件为例，犯罪嫌疑人许大明通过网络智能语音平台自动拨打软件拨打不特定用户实施诈骗——他在网上充值了10 000元，但骗取的钱财加起来有40万余元。一些不法分子只需购买伪基站等设备，就可以使用该设备占用无线电通信频率资源，在极短的时间内发送数千条、数万条违法信息。还有些不法分子通过在网络上建立通信群组实施犯罪活动，成本甚至可以忽略不计。

从犯罪成本的角度来看，电信网络诈骗的成本主要是实施犯罪行为所需要的开销和伴随犯罪案件发生的直接产出的费用，犯罪行为导致的各种间接、长期的损失和支出及为预防犯罪所花话费的开销及司法部门抓捕、审讯和关押罪犯所需的费用等。目前，电信网络诈骗行为的开销和支出成本低，而对社会造成的直接、间接损失及对公民造成的财产损失和精神损失是巨大的。同时，公安机关的侦查成本也是巨大的，特别是对于一些小额的电信网络诈骗量刑轻、惩罚小，都是我国电信网络诈骗犯罪高发的原因。

其次，治安防控难度大成为电信网络诈骗犯罪高发的另一重要原因。目前，公安机关防控难度大，跟不上犯罪的节奏。由于电信网路诈骗自身的高智能化、非接触性和手段多变等特点，公安机关传统的巡逻盘查、阵地控制、特请耳目贴靠等防控方式已经很难发挥作用。例如，以朴谋为首的犯罪团伙携带电脑、短信群发器等作案工具从深圳开始作案，途径江苏、安徽等多个省份，一路不断变换落脚点，直到最后在青岛落网。面对这样的作案方式，公安机关传统的治安防控措施无能为力，只能及时向社会公众发布案件预警提示信息。

（四）通信服务监管尚须加强

部分提供通信信息的运营企业存在多种违规的现象，如各种电话网络资源在营销过程中失去监督和管理，而犯罪嫌疑人可以轻松地借助网络电话技术通过自动拨号随意拨打电话，应用任意显号装置冒充银行、电信甚至国家机关。例如，浙江宁波市公安机关侦办的一起电信网络诈骗案件中，不法分子从国外及台湾地区拨打网络电话，改号显示为北京、浙江、江苏、上海、广东等地公检法机关电话号码，利用这些模拟号码对29个省、自治区、直辖市的群众进行诈骗。专案组仅对涉及浙江、北京和福建三地的案件进行初查，就核实了200多人上当受骗，涉案金额高达1 331万元。电信运营商对犯罪分子的这种行为采取了放任的态度，这种监管的缺位无疑给电信网络诈骗提供了有利的作案条件。

（五）人们的防范意识普遍薄弱

从受害者的角度来看，受害者普遍存在以下 3 种心理弱点。

一是受害者贪图小利。贪婪是犯罪分子实施电信网络诈骗的基本动因，但同时，贪图小利也是受害者遭受诈骗的主要原因。纵观中奖类诈骗，网络购物诈骗，机票预订、改签类等诈骗，贪图小利的内心动机是诈骗能够成功的前提条件。

二是受害者警惕性差。不论何种形式的电信网络诈骗，能够取得成功的关键在于受害者对诈骗犯罪分子所主张的诈骗模式和内容深信不疑、警惕性差，没有丝毫防备心理。由于受害者的警惕性缺失，理所当然地就信任了犯罪嫌疑人冒充的银行、电信甚至国家工作人员或亲友信息。公安机关在受理电信网络诈骗报案询问受害者时，他们都表示万分后悔，怪自己警惕性太差，一时疏忽而上当受骗。

三是受害者常识性知识差。电信网络诈骗犯罪大多是利用受害者法律意识淡薄、常识性知识差等弱点有针对性地实施诈骗。例如，无法判断出真假法律文书、轻易相信带有 400 的就是官方电话、轻易相信山寨网址或假冒官方网站等。

六、遭遇电信网络诈骗时的补救措施

如果不幸遭遇电信网络诈骗，可以采取以下措施及时止损。

第一，及时拨打电话 110 报警或通过当地反诈骗专线电话向公安机关报警，向警方告知骗子的账号、电话等相关信息。如果是通过支付宝、微信等第三方支付平台进行的转账、汇款，要及时提供支付宝、微信等第三方支付平台的账号和信息。从 2015 年开始，经公安部授权，各省公安厅、地市级公安局已经逐步成立了打击防范电信网络诈骗信息平台、反虚假信息诈骗实战平台和电信网络诈骗侦办平台，平台的中心职能是银行卡号及第三方的止付、查询、冻结及解冻。反诈中心会联系银行或第三方支付平台对骗子的银行账号、第三方支付账号进行快速冻结的操作。需要注意的是，骗子为了逃避打击，会以最快的速度将资金转到其他银行账号上。之后，再多次转账，最后才取现。因此，报警的速度一定要快。如果资金已经转出或取现，能够追回的可能性就会比较小。

第二，根据《关于加强支付结算管理防范电信网络新型违法犯罪有关事项的通知》规定，自 2016 年 12 月 1 日开始，ATM 向非同一人的转账操作将延迟 24 小时到账。如果是用 ATM 转账，可以在银行受理后 24 小时之内通过电话银行等方式提出申请，取消转账。

第三，保存好相关证据，包括转账凭证、手机银行截图、银行流水单、与骗子联络的相关凭证、短信（微信、QQ）聊天内容截图等。当然还包括其他与案件相关的证据资料。

第四，及时到属地派出所或刑警队报案并做笔录。这些工作是警方开展侦查工作和串并案的重要依据，案件破获后，对犯罪嫌疑人定罪和追缴赃款等可以起到很重要的作用。

亡羊补牢，犹未晚也。对于一些被电信网络诈骗骗取钱财的受害人来说，由于某些客观原因，损失可能已经无法挽回。但对于整个社会来说，与电信网络诈骗犯罪的斗争才刚刚开始，面对精湛、手段不断翻新的骗术，我们自己能做到的就是提高防范意识，保护好个人信息，积极参与到电信网络诈骗的防范工作上来，以自己的或别人的经历去告诫身边的人，让更多的人认识到电信网络诈骗的本质，不再上当。

B2 其他类型骗局的识破及防范

除了典型电信网络诈骗外，在大学校园中，还存在一些不依靠电信网络的诈骗类型，近几年来也受到了社会的广泛关注。需要在校大学生了解此类犯罪的犯罪方法和手段，提高防范意识，以免上当受骗。

一、其他类型骗局的识破

（一）宿舍推销类诈骗

案例：开学之初的《英语周报》推销骗局

山东某高校在 2018 年 9 月 1 日开学之际，就有推销人员趁校园人员混杂之际进入新生宿舍,推销与英语四级考试有关的报纸《英语周报》。该推销人员向大一新生称,她是《英语周报》报社的校园代理人,其销售的《英语周报》的内容主要涉及英语四级考试,并大肆吹嘘订购《英语周报》的好处。新跨入大学校园的同学一听到推销人员的吹嘘,再加上本身就有想通过英语四级考试的愿望,就订购了全年的《英语周报》(每周一期),团购价格为每人每年300元。推销人员看到学生们积极订阅报纸,就趁热打铁,迅速去其他相邻宿舍推销,其他宿舍学生一听说相邻宿舍的同学都订购了《英语周报》,遂全部订购。推销人员向每个人开出了收据,并留了联系电话。有一位学生购买后,不知其购买的《英语周报》真假,就与其辅导员联系,辅导员详细询问了同学们的情况并看了一下收据,判定学生已上当受骗,遂报警。后同学们抱着试一试的态度拨打电话联系推销人员留下的电话要求退款,接听电话人员一开始说会按期给同学们邮寄报纸,后电话就再也打不通,学生们最后未收到报纸也未收到退款。开学的第一天,一两个小时的时间就有20名左右的学生被骗,6 000元左右的现金无法追回。

骗术揭秘

新生入学时,校园内人员混杂,宿舍管理相对松懈,诈骗分子很容易借机混入学生宿舍,实施诈骗。同时,大一新生对一些服务和商品存在需求,但是又不熟悉周围的环境,这就为一些推销假冒伪劣产品的不法分子提供了机会,大一新生自然成为他们实施诈骗的对象。最根本的原因在于,大一新生在进入高校前的十几年里,都生活在父母和老师的呵护下,很少直接与社会接触,缺乏一些基本的社会经验,辨别能力差。刚开学,学生会有相当多的事务需要办理,如激活饭卡、办理新的手机卡等,不法分子往往利用新生对周围环境的不熟悉,以团购、折扣等名义上门推销,诈骗学生钱财。不法分子通常采用到宿舍卖东西和推销东西的方式,如学习用品、报刊等;有的不法分子持着假工作证、景点材料推销低价旅游,并以提成为诱饵,让受害者掉入消费陷阱。这样的事情在各大高校开学之初,尤其是第一天经常会发生。

防范技巧

第一,不要贪图眼前的小利而落入消费陷阱,要保持消费的自制力和明辨是非的能力;第二,绝不要轻易相信上门推销,买东西要去学校正规超市或其他正规商场购物;第三,要注意查看推销人员的证件,随时与保安、宿管等人员联系,必要时报警求助,并且要注意在陌生人进入自己的宿舍时,留心自己的贵重物品;第四,大学生必须拓宽知识面,在许多诈骗案件中,诈骗者之所以得逞,很大程度上是因为大学生缺乏对相关知识的了解。譬如本案中,如果学生们知道有关报纸出版管理的相关法规,知悉在我国"报纸出版单位出版报纸,必须经新闻出版广电总局批准,持有国内统一连续出版物号,领取报纸出版许可证",且可以通过中华人民共和国新闻出版广电总局网站查询出版物号,就可以避免上当受骗。

(二)招聘类诈骗

案例:求职心切,大学生掉入语音平台诈骗陷阱

与普通求职者一样,小王一开始选择了在58同城等大型求职网站上浏览招聘信息。2018年2月,一则招网评员和淘宝客服的招聘广告吸引了他。想到可以在学校里兼职,既不用奔波又不耽误学习,小王挺心动,主动联系了广告上的联系人张女士。对方告知他,他们现在的招聘工作都在语音平台上进行,让小王下载并进入一个叫IS的语音平台,会有专门的客服人员与他联系。果然,当小王注册进入这个语音平台后,一个名为"锦程招聘"的客服就开始向他询问求职意向:"我们这里有各种类型的工作,根据工作的不同,需要交一定的押金,分为4档:一档是小时工,交99元;二档是临时工,交199元;三档是正式工,交299元;四档签合同,交399元。这个押金是为了联系公司和进行培训用的,3天至7天就会返还。"一听给联系单位还给培训,小王觉得挺靠谱,立即交了199元押金。之后,客服又以岗位试用金、马甲费等各类名义要求小王不断交钱。在交了近800元钱后,小王终于被告知可以参加培训了。于是,小王在"锦程招聘"的引导下,又加入了培训部的账号,而培训部也确实没让小王闲着,很快给他分配了培训任务,就是网上刷单。然而,就在小王用个人身份信息注册了一大堆账号,完成刷单任务后,培训部的账号却突然将他拉黑,不仅任务提成没收到,自己反而又为刷单搭进去几百元。不到几天的时间,小王先后支付了1 000多元钱,却什么工作也没找到,意识到自己可能被骗,小王当即报了警。

骗术揭秘

此类诈骗是利用大学生急需工作的心理，在校园、网络、报纸、招聘中介等各种信息平台散布虚假的招聘广告，以此吸引大学生前来应聘，然后通过电话联系、汇款等方式骗取钱财。

防范技巧

任何招聘单位以任何名义向求职者收取抵押金、风险金、报名费等行为，都属非法行为。求职者遇到此类情况时要坚决拒交并举报，以确保自己的合法权益不受侵害。

（三）"校园贷"诈骗

案例一：武汉女学生裸贷5 000元滚成26万元

2016年，"10G裸条"事件曝光了多名受害女大学生，让无数女孩从此陷入深渊，甚至有人选择了自杀。小周20岁，是武汉一所职业技术学院大二学生。她一次上公厕时，在门上看到了一则借贷小广告。鬼使神差地，她加了广告上的微信，与业务员聊了起来。当时，她想买些东西，正好缺钱。一番沟通后，她按要求发去了本人身份证照、学生证照和手机通信录等信息。当时，对方还有一个要求：手拿借条，拍摄裸体照片和视频，行话叫"裸条"。小周说，借条是业务员发来的格式，她只需打印出来签上自己的名字。对于拍裸照，她犹豫过。对方解释，因对其并不了解，只能凭这些照片作为担保，如果按时还钱，一定不会流传出去。想着借款金额并不大，还款应该不成问题，小周照做了。第一笔借款5 000元，扣除审核费、照片保密费等费用，小周拿到手的钱其实只有2 750元。这笔钱花在了哪儿呢？她回忆良久，始终没能想起来。她只记得，每个月生活费1 000元，时常感觉不够花，借来的钱，她也拿去消费了，但具体买了什么则记不起来。按照约定，贷款一周内还清，否则每周要付利息287元，直到钱还清为止。单靠生活费显然是不够的，小周不敢告诉父母，只好找朋友们借钱，但最后也没人可借了。在业务员的介绍下，小周加入了一个借贷QQ群，找别的借贷平台借钱还债。半年以来，她总共找了30多家借贷平台借钱，去掉手续费，她拿到手的本金共8万多元。但这些钱算上利息，她总共要还近26万元。过年期间，小周关掉了手机，与外界断了联系。春节过后，债主依旧联系不上她，就给其通信录群发了催债短信。父亲周先生这才知道孩子欠了钱。收到短信后，他赶紧询问女儿怎么回事，女儿吞吞吐吐，只说欠了别人钱，但不说借钱做了什么。无奈之下，他分两次凑了近4万元给女儿，嘱咐她赶紧将钱还了。4月3日，裸照发到了手机上，周先生彻底崩溃了。他没想到，女儿竟然还欠钱。同时收到裸照的，还有女儿的姑姑、姨妈和同学。他赶到武汉，5日下午，带女儿到关南派出所报了警。小周感到前所未有的耻辱和后悔，这才跟家人彻底坦白，欠下的本金和利息共26万元，加上父亲帮忙还的，总共已经还上了近16万元，还欠10万余元，大部分是以裸照作为担保。而这一切的起因，都是为了最初的一笔5 000元借款。她说，其实后来借的钱，她基本没花过，全花在了还债上。因有同学收到了裸照，她觉得没有颜面再待在学校，也担心讨债者找上门，小周离开了湖北，到上海陪父母一起打工。

这是一个活生生地由非法校园贷引发的案例。由于非法校园贷的存在，使大学生能够轻而易举地获得贷款，又正是因为非法校园贷的高额利息，导致涉贷学生难以还清贷款本息，使得有的大学生从不同的平台借钱，甚至偷偷用同学身份证借款，拆东墙补西墙，致使贷款雪球越滚越大。也正是因为某些大学生对金融法律法规不了解，在遭遇非法高利贷时，不知道去寻求学校、公安部门及金融监管部门的帮助，正当地维护自身的合法权益，致使自己无法承受重压，最终做出自杀等极端行为。

案例二：刷单冲业绩，贪图小便宜成为受骗者

一般情况下，帮忙刷单冲业绩能获得500至2 000元不等的好处费，加之不法分子承诺"钱不用你还"，于是大学生在不法分子的蛊惑下，对这样的致富方式心存侥幸或抱有幻想。其中，影响最大的案件发生在2017年年初，内蒙古近千名大学生因轻信"800元就能买到苹果手机"的宣传，先后与不法分子签订了合作协议。协议约定，大学生在分期网站购买至少两部手机，购买成功后交给不法分子，再向不法分子支付800元"手续费"，就可以获得其中一部。不法分子承诺大学生无须偿还欠款，但实际上不法分子将到手的手机进行变现，用于支付部分欠款，制造还款假象，然后在偿还2至3期欠款后卷款逃跑。大学生们在陆续收到催收短信时，才知上当受骗，自己不仅"被借贷"，

还"被负债"。这起利用校园贷款平台对大学生实施诈骗的案件,涉及内蒙古赤峰市3所高校,涉案金额高达900余万元。

骗术揭秘

校园贷实际就是翻版的高利贷,通过简单的手续诱骗学生上当。不法分子经常通过网站、APP、校园代理等渠道开展业务,借口扶贫创业、助学扶贫等多种旗号,以分期偿还、低利息甚至零利息吸引学生们贷款。校园贷看似手续简单便捷,实则充斥了种种不法陷阱。

一是往往利用指标费、服务费或其他名目收取高额手续费,导致应偿还本金远远高于实际获得额。例如,贷款1万元实际能获取的贷款也许只有9 000元甚至更少,变相加重债务负担。

二是利用分期还款掩盖高利率真相。例如,一次性贷款5 000元,分12个月还清,看似每月仅须偿还551元,感觉压力小、较划算,但连本带息实际须还款6 612元,折合年利率已高达32%。

三是逾期还款条件极为苛刻,让受害者无形中承受巨额债务风险。网贷公司只要在合同或电子授权上取得受害者的个人授权,一旦出现借款逾期,往往需要支付高额违约金或按天计算利息,并且实行复利计息或利滚利,本息连还导致严重超出个人承受能力,陷入债务偿还恶性循环。

四是往往采取威胁、恐吓等不法手段催收欠款,导致"欠款跳楼""裸条借贷""暴力催收"等现实悲剧屡次发生,给受害者自己带来无尽伤害——轻者严重影响学业或被迫离开校园,重者连累父母家人,甚至丧失理智逼迫自身做出极端举动。

五是利用人们贪图便宜的心理,使用好处费来诱骗学生上当。由于大学生社会经验不足,法律意识淡薄,在金钱诱惑下难以自持,加上不法分子的蛊惑,不知不觉地就走进了陷阱。

防范技巧

一些在校大学生,由于没有树立良好的消费观念,出于攀比心、好奇心、享乐主义等,在没有收入来源的情况下选择裸贷方式获取非法校园贷,用于超前消费,殊不知非法校园贷利率奇高,自己根本无法承受。一些非法校园贷平台为催收贷款本息,不择手段,将学生裸照在网上公布,对学生的身心造成难以挽回的伤害。为避免"裸条"事件的发生，广大在校学生要做到以下几点。

一是要树立文明、理性的消费观，不要盲目超前消费、从众消费、过度消费，坚决纠正脱离个人消费能力的超前消费、过度消费和从众消费等错误做法，努力培养一心学习和艰苦朴素、量力而行、勤俭节约、体谅父母的优秀品质。

二是要增强自我保护意识，要珍爱自己的隐私，保护个人的信息，不要轻易将自己的个人隐私资料和信息交给他人。坚决抵制各类非法网贷行为，坚决做到不参与、不接触非法网贷活动；不充当非法网贷宣传员、代理人，不从中获取非法利益；不使用个人信息为他人网贷提供便利，也不冒用他人身份信息为自己进行网贷。遇到身边同学有申请办理网贷业务的，要友善地提醒尽快了结、防范风险并及时报告学校或老师。

三是确因生活困难或学业需要申请贷款帮助的，应主动向父母或学校反映困难，坚持由家庭出面或学校统一组织，通过正规金融机构办理助学贷款等事项。

四是如果不慎陷入校园贷、现金贷、培训贷、美容贷及其他民间借贷纠纷，应第一时间向学校、家长报告情况或向公安机关报案，请求通过合法途径解决纠纷或寻求帮助。

2017年国家银监会、教育部、人力资源社会保障部联合发布银监发〔2017〕26号文，要求暂停网贷机构开展在校大学生网贷业务。此文发布后，大多数网贷平台已经暂停了面向大学生的贷款服务。但也有一些平台顶风作案，从以前直接贷现金给大学生，改头换面做起了电商购物、分期还款的生意，有的还与其他网站合作，鼓励大学生"先消费，后还款"，因此在大学校园里还发生了大学生替其他人签字分期付款购物的现象。对此，有关专家表示，这些面向大学生的分期购物平台，实际上依然是校园贷，大学生们依然要警惕，以防上当受骗。因此，提请广大在校大学生警惕各种非法网络借贷行为，有效维护个人合法权益和人身财产安全。

（四）传销诈骗

案例一：李文星等大学生被骗传销死亡案

李文星，23岁，出生于山东省德州市的一个农村家庭，2016年从东北大学的资源勘查工程专业毕业。大学毕业后，李文星并不想找与本专业有关的工作。最终，李文星通过互联网招聘平台"BOSS直聘"，拿到了一家名为北京科蓝公司的录用通知，却疑似落入打着招聘幌子的传销组织的骗局，直到有人在天津市静海区一处水坑里发现他的尸体。无独有偶，同一年，25岁的毕业生张超从山东老家乘坐高铁赶到天津去应聘，误入传销组织，路途中出现中暑情况后，被传销人员丢弃在路上，最终不治身亡。此外，当年还发生了林华蓉溺亡案。湖南某职业学院大二学生林华蓉，暑假因接到学长邀请去一奶茶店打工，深陷传销组织，林华蓉要求与家人联系被拒后，情绪激动跳入河中溺亡。

案例二：某大学生误入传销执迷不悟案

张某、吴某、李某（女）是在同一高校上大三的美术专业的同班同学。2004年2月的一天，认识张某的周某从广州打来电话，说他现在是广州一家广告公司的业务副经理，近来因业务发展，急需招聘美术、广告设计方面的专业人才，希望张某和他的同学能利用寒假机会，来广州实习打工，月工资2000多元。如果觉得可以，毕业后可留在该公司工作。张某便与同学吴某、李某三人一起到了广州。第二天，周某拿来合同书让他们每人填写了一份，并说："你们现在已与公司签订了合同，明天就正式上班，但每人要交押金3000元。如果辞职离开公司，押金随时如数退还。"三人一想，既有熟人，又有合同和承诺，便从准备交学费和生活费的钱里，拿出3000交了押金。当天下午，周某就带三人开始岗前"培训"。"培训"并不是讲广告设计等工作方面的事情，而是讲怎样赚钱、怎样暴富和赚钱要不择手段及"发展下线""金字塔"理论等。在这样几次的"培训""洗脑"中，主讲的这些人慢慢地就撕掉了遮羞布，传销的面目暴露无遗。经过几天"培训""洗脑"后，公司让他们"上班"，就是打电话，动员蒙骗认识的、想找工作的人来"工作"。他们三人就这样上了"贼船"。转眼到了开学，他们也没有回校上课。学校向家里打电话寻找时，家里才知道孩子还没去学校报到，吴某、李某的家长忙从广州把二人追回送到学校。此时，他俩一分钱也没挣到，反而连押金也没有要回来，前后每人共被骗了4000多元。而张某却铁了心，死心塌地地走下去，最后被学校除名。

骗术揭秘

非法传销组织诱骗学生参与非法传销活动的途径主要是利用在校大学生或

者毕业生急于兼职或择业的心理，骗得学生信任，将学生骗至外地。非法传销组织诱骗学生的主要方法是：将学生骗到外地后以高回报和"参与创业"为诱饵，采取"洗脑"、上课、谈心、感情交流等方式，骗取他们的高额传销培训费并诱使其参与非法传销，同时让已被"洗脑"的学生诱骗更多的同学参加非法传销。对于不被其所诱的大学生就限制其人身自由，强迫学生给家人、同学打电话，称自己有病或联系工作寄钱到他们的账号。大学生被非法传销组织所骗受困的原因主要有：一是大学生自身防范意识薄弱，轻信他人上当受骗；二是对同学、朋友的介绍过于信任，没想到熟人还会骗自己；三是就业压力过大，择业时放松了必要的警惕，轻信以用人单位身份出现的非法传销公司；四是个别学生存在不劳而获的思想，被非法传销组织宣传的高额回报引诱，甘愿从事非法传销活动。

防范技巧

第一，了解传销特征。传销通常具有以下特征中的一个或几个：在"入会"时告诉你的职责之一是发展更多的人；交纳昂贵的会费；在工作场所很多人情绪激昂，过于兴奋。如果识别出传销，大学生应立即停止打工，及时寻找机会报警。

第二，对外地企业或总公司某某外地分公司、分厂的高薪招聘，不论其待遇多么好，求职者千万要保持清醒的头脑和高度的警惕，不要轻信口头许诺，最好通过全国企业信用信息公示系统或相关的APP软件，如企查查、天眼网等，查看该招聘企业的基本工商信息，确定招聘企业是否真实存在。

（五）办理英语、计算机等证书类诈骗

案例：办理证书被骗案

2017年5月，已经是大四的学生贾某一直没有通过英语的四级考试，眼看就要毕业找工作的他心急如焚。某天，他看到一个小广告，说可以办理英语四、六级登记证书，贾某就打了广告上的电话，对方称可以办证而且网上可查，要求贾某交纳操作费、办证费、邮寄费等各种费用5 000元。贾某觉得只要能办证，多花一点钱也可以接受，双方协商后贾某先交了2 000块钱的订金。

过了一天，对方又说他如果再加1 000元的话，可以再帮其办理一张计算机二级的证书，这张证书单独办理需要3 000元。贾某考虑过后同意办理，又给对方转了1 000元。结果贾某转账后，就再也联系不上对方了。

骗术揭秘

此类案件中，骗子主要是抓住了大学生急于得到相关证书的心理，以办理各种合格证书为理由，向大学生行骗。

防范技巧

不要轻易相信广告的内容，更不要相信不经过正规考试就可办理各类证书的信息。如果需要各种登记证书，就要端正态度，参加国家组织的相关考试。

（六）情感类诈骗

案例：女大学生被骗卖淫案

襄阳某高校女生小朱在火车上认识了林某，林某自称是军官，家里有门路，能为小朱解决就业问题。在简短交往后，小朱对林某的军官身份深信不疑，且深深被"高富帅"的英俊外表所吸引。不久小朱随"高富帅"南下游玩，"高富帅"在两人的钱花光后撕下伪善的面具，没收了小朱的身份证、银行卡等证件，并以小朱家人的人身安全为要挟，胁迫小朱卖淫。

骗术揭秘

此类情感类诈骗主要是利用了大学生爱慕虚荣、追求物质的心理。

防范技巧

女大学生要端正自己的品行，不要爱慕虚荣和感情用事，不要患得患失、占小便宜，要切实拒绝任何金钱物质的引诱。女大学生还要树立自强自立的意识，懂得自我保护，以经济独立为荣，树立良好的金钱观，远离不好的风气。

既然上大学，那就是追求上进的，如果经济状况承载不起自己提升自我、实现自我的梦想，可以申请勤工俭学、课外兼职等获得一笔资金来满足学费、生活费及深造、培训、求职、旅行等各种有助于成长提升和增长见识的活动。

二、高校其他类型骗局的预防措施

（一）提高防范意识，学会自我保护

社会环境千变万化，大学生必须尽快适应环境，学会保护自我。要积极参加学校组织的法制和安全防范活动，多了解、多掌握一些防范知识，在日常生活中做到不贪图便宜、不牟取私利、不轻信花言巧语、不用不正当的手段谋求择业和出国；发现可疑人员要及时报告，上当受骗后要及时报案。

（二）交友要谨慎，避免以感情代替理智

人的感情是主体和客体的交流，既是主观体验也是对外界的反应，本身应该包含合理的理智成分。如果只凭感情用事，一味"跟着感觉走"，往往容易上当受骗。对于熟人或朋友介绍的人，要学会听其言、观其行、察其色，以免上当受骗。

（三）同学之间要互相沟通、互相帮助

在大学里，无论哪个学院、哪个专业，班集体总是校园中一个最基本的组织形式。在这个集体中，生活和学习是统一的、同步的，同学间、师生间应加强沟通，互相帮助。特别是在自己感到可能吃亏上当时，与同学有所沟通或许就会得到一些帮助并避免受害。

（四）服从校园管理，自觉遵守校纪校规

为了加强校园管理，学校制定了一系列管理制度和规定。制度是用来约束人们的行为的，在执行过程中可能会给学生们带来一些不便。但是制度确实是必不可少的，况且绝大多数校园管理制度是为维护学生正当权益和校园秩序制定的，所以在校大学生应当自觉遵守校纪校规，以降低上当受骗的可能性。

（五）增强法制意识，利用法律武器维护自己的权益

大学生要拓展视野，增强自身的法律意识，在遇到诈骗时或遇到诈骗后能

够运用法律武器来保护自己。有的大学生被骗后会觉得无所谓，也有的出于面子不想将自己被骗一事公开或报案。正是由于这种消极与隐忍，一次又一次地使大学生上当受骗，也一次又一次地为不法分子提供了犯罪市场。因此，大学生要学会运用法律武器，当事情发生时善于运用法律思维解决问题。在欠缺法律方面的知识、不知道如何维护自身权益时，要尽可能地向专业人士咨询，一方面可避免和防止再次上当受骗，另一方面也让不法分子受到应有的惩罚，切实防止诈骗的再次发生。

B3　宿舍防盗

一、宿舍防盗应注意的问题

保护好每个学生的财物，不发生被盗，这不仅是个人的事，而且要靠全班、全宿舍的人共同关心。

案例

XX学校有位学生将借来的数码相机拿回宿舍，放在桌面上，第二天上午上完课后发现数码相机不见了。他以为被盗，于是立即报警。学校保卫处及派出所民警来到现场，经询问该学生得知，宿舍的钥匙曾经丢失过，并未立即换锁，但也未发现其他异常现象。经过现场的仔细查看，未发现被盗痕迹。经询问宿舍及进出过宿舍的学生后，不能确定该学生将数码相机带回了宿舍。经保卫处调取当天的宿舍门口监控查看后发现，该学生未将数码相机带回宿舍。

此事件说明了以下几个问题。

① 在公共场合要保管好自己的物品，不能将贵重物品放置在桌面上等易被盗窃的地方，而应放在有锁的衣柜中、箱子里等不易被盗的地方。

② 发现被盗应立即告知学校保卫处，由学校保卫处查看后决定是否报警。如果错误报警，会浪费派出所警力、财力、物力，浪费国家资源。

③ 借用他人的物品应用完后立即归还，减少丢失、被盗的可能。

④ 宿舍钥匙丢失，应立即换锁，防止被他人盗取财物。

宿舍防盗应注意以下问题。

① 最后离开寝室的学生要锁门，不要怕麻烦，要养成随手关、锁门的习惯。一时大意往往后悔莫及。

② 去水房、上厕所、串门聊天、睡觉或去买饭时不锁门都会留下不安全的隐患。

③ 不能留宿外人。年轻人热情好客很正常，但不可违反学院宿舍管理规定，更不能丧失警惕。

④ 对形迹可疑的陌生人应提高警惕。见到形迹可疑、在宿舍楼里四处走动、东张西望的陌生人要多问问，即使不能当场抓住，也要使盗窃分子感到无机可乘，不敢贸然动手，从而客观上起到预防作用。同时，要告知保卫处。

⑤ 在假期中留院的少数学生，喜欢带社会上的朋友和外校的同学进院玩，来往人员较复杂，如果不加强学生宿舍管理，容易发生盗窃案件。

⑥ 做到换人换锁，并且不要将钥匙借给他人，防止钥匙失控，宿舍被盗。

二、高校发生盗窃案件的特点和手段

（一）溜门盗窃

利用这种盗窃手段而实施盗窃的案发地大多在学生宿舍，作案分子利用门未锁而溜进室内进行盗窃。在室内有人的情况下，作案分子如果是陌生人，则会以找人或推销商品等借口来掩盖自己的真实目的；作案分子如果是熟人，则会以找同学或串门为由，稍做攀谈后离开。大学生宿舍几个人同住一室，相互间有很大的依赖性，在安全防范上大多数有麻痹的心理。为了避免自己和他人的财产不受损失，要养成随手拿钥匙、随手锁门的好习惯，还要有一份责任感，对自己负责、对其他人负责。

（二）顺手牵羊盗窃

利用这种作案手段而实施的盗窃案件多发生在教室、图书馆、食堂等公共场院所。作案分子利用物品在、人不在，或者物品在、人睡觉而伺机实施盗窃。作案分子除了一些惯偷之外，还有一些人见财起意而实施盗窃，所以往往还带有随机性。大学生们在生活中应时刻提高防范意识，在各类公共场所不要将自己的东西放在某处就离开或睡觉，书包及物品要随身携带，也可请同学代为看管，不给犯罪分子以可乘之机。

（三）利用钥匙入室作案

作案分子主要利用以前作案时盗得的钥匙或事先配好的钥匙开门入室盗窃。

（四）利用信用卡（存折）进行盗窃

这类盗窃案件的作案分子大多是利用同学、朋友的特殊关系而得到受害者的信用卡（存折）及其密码，伺机进行盗窃。因为有关系好这层假象，所以这类案件具有一定的隐蔽性。

在这里提醒大学生们要提高自己的防范意识，不给作案分子提供方便。在生活中应该注意保护自己的密码，不要把他人熟知的如自己的生日等作为密码，同时也要尊重他人的隐私。另外，就是现金和贵重物品不要放在明处，大量现金要立即存入银行，随用随取，身上只留些零用钱；少量现金和贵重物品要锁在柜子里或随身携带，这样可以避免不法侵害的发生。

三、学生宿舍易发生被盗案件的时间

① 刚入学，宿舍较乱时容易发生被盗。
② 放假前容易发生被盗。
③ 假期学生离院后，易发生撬门扭锁盗窃。
④ 学生都去上课时容易发生被盗。
⑤ 学生上晚自习，相邻的寝室无人，也可能发生被盗。
⑥ 夏季开门、开窗睡觉易发生乘虚而入的盗窃。
⑦ 学院举办大型文体活动，外来人员剧增时，发生盗窃的可能性也增加。

四、发现宿舍被盗后的处置

① 发现寝室门被撬，抽屉、箱子的锁被撬或被翻动，应立即向学院保卫部门报告，并告知院系有关领导。
② 保护好现场。如果案件发生在寝室内，可在寝室门前（一楼还包括窗外）设岗看守，阻止同学围观。此时，不能让人进屋，更不能翻动室内的任何物品，要封闭室内现场。对盗窃分子可能留下痕迹的门柄、锁头、窗户、门框等也不

能触摸，以免把无关人员的指纹留在上面，给勘查现场、认定犯罪分子带来不必要的麻烦。

③ 如果发现存折被盗，应尽快到储蓄所办理挂失手续。

④ 如实回答前来勘验和调查的公安民警、保卫干部提出的各种问题。回答要实事求是，不可凭想象、推测；要认真回忆，力求全面、准确。

⑤ 积极向负责侦察破案的公安民警、保卫干部提供情况，反映线索，协助破案。

五、保管好自己的现金和贵重物品

目前，大学生们忽视对自己物品的保管，怕麻烦不使用收藏柜的现象比较普遍：在宿舍笔记本电脑、手机随便放在床上；在餐厅、图书馆用书包占座位；在体育馆、篮球场书包随意放置。这些做法恰恰为犯罪分子提供了作案条件。大学生们要有自我保护的意识，在教室、计算机机房、图书馆、餐厅、操场等公共场所，要看管好自己的物品，贵重物品要随身携带；现金最好的保管方法是存入银行。数额较大的现金一定要及时存入银行，千万不可怕麻烦能拖则拖。存钱时要注意输入密码，这样一来即使银行卡丢失或被盗，也不用担心现金被人冒取。

贵重物品不用时最好锁在抽屉、柜子里，以防被顺手牵羊或乘虚而入者盗走；放假离院时应将贵重物品随身带走或托可靠的人保管，不可留在寝室。当发现自己的存折丢失时，要立即去银行挂失，然后向学院保卫部门或公安机关报案，但不可声张，要细心观察、寻找，向公安、保卫部门提供线索和有关情况。

在上下课的路上，有的不法分子把布条或铁丝扔在自行车后车轮将车轮缠住，然后进行抢夺或盗窃。骑自行车的学生要提高警惕，不要被车轮缠住的假象迷惑，以保护好携带的物品。

B4　预防火灾

火灾是威胁人类安全的主要灾害之一，发生在校园生活中的火灾大部分是可以预防的，大学生应该学习、掌握一些防火知识，以备不测。

一、引起火灾的火源

火源一般分为直接火源和间接火源两大类。直接火源有：明火、灯火，如火柴和打火机火焰、香烟点火、烧红的电热丝；电火花；雷电，等等。间接火源有：加热起火；本身自燃起火等。这些火源在学习、生活、试验中都可能接触到，只有认识和掌握它们存在和发生的规律，认真对待，才能有效地预防火灾的发生。

二、预防火灾发生

① 注意用电安全，不违章用电，不乱拉电线、使用禁用电器。如果发现火灾隐患，每个学生都有责任向学校报告。
② 不使用蜡烛等明火照明用具。
③ 不在教室、宿舍及公共场所吸烟，不乱丢烟头、火种。
④ 不在宿舍存放易燃易爆物品。
⑤ 不在宿舍擅自使用煤炉、液化炉、酒精炉等灶具。
⑥ 不使用电炉、"热得快"等大功率电器。
⑦ 不在楼道堆放杂物，不焚烧垃圾。
⑧ 遇火灾险情，先关闭房内电源，拨打校内报警电话，并可视火情拨119报警。

三、拨打火警电话

全国统一规范使用的火警电话号码是119。拨打火警电话要注意以下事项。
① 要沉着镇定。在任何电话上都可直接拨打。
② 在听到对方报"消防队"时，要讲清火灾发生的地点和单位，并尽可能讲清着火的对象、类型和范围。
③ 要注意对方的提问，并把自己的电话号码告诉对方，以便联系。
④ 打完电话后，可立即派人在门口和消防车必经之处等候，引导消防车迅速到达火场。

四、灭火的基本方法

① 隔离法。隔离法是指将着火的地方或者物体与其周围的可燃物隔离或

移开，燃烧就会因为缺少可燃物而停止。例如，关闭电源，可燃气、液体管道阀门；拆除与燃烧物毗邻的易燃建筑物等。

② 窒息法。窒息法是指阻止空气流入燃烧区域或用不燃烧的气体冲淡空气，使燃烧物得不到足够的氧气而熄灭。

③ 冷却法。冷却法是指将灭火剂直接喷射到燃烧物上，以降低燃烧物的温度，当燃烧物的温度降低到该物的燃点以下时燃烧就停止了。冷却法主要用水和二氧化碳来冷却降温。此方法不宜用于电器失火。

④ 抑制法。抑制法是用含氟、溴的化学灭火剂（如1211）喷向火焰，让灭火剂参与到燃烧反应中去，使燃烧链反应中断，达到灭火的目的。

以上方法可根据实际情况一种或多种方法并用，以达到迅速灭火的目的。

五、大学生在学生公寓防火事项

① 严格执行《学生宿舍安全管理规定》和各项防火安全管理制度。
② 楼内及宿舍中，不准私接电源、乱拉电线。
③ 禁止使用电炉、煤油炉、酒精炉及其他电热器和不符合安全用电要求的电器设备。
④ 禁止躺在床上吸烟；不得乱扔烟头、火柴棒。
⑤ 严禁在楼内焚烧信件、废纸及其他物品，禁止点蜡烛照明。
⑥ 严禁将各类燃油、酒精及易燃易爆物品带入楼内使用或存放。
⑦ 楼内消防通道、安全出口要保持畅通，不得违反消防规定安装隔断门或堆放杂物。
⑧ 楼内电器设施和照明线路的安装、维修、拆除必须由正式电工进行施工，不得私自增设、更改。
⑨ 爱护楼内消防设施和灭火器材，不得随意挪用，保障设施器材的完好。
⑩ 发生火警及其他意外事件要及时报警，积极扑救并有秩序地撤离。

六、遇火逃生方式

① 保持清醒头脑，扑灭初期火灾。火灾发生时，一定要冷静面对。假如火灾初起时就被发现，可趁火势很小之际，用灭火器、自来水等灭火用品在第一时间去扑救，同时还应呼喊周围人员出来参与灭火和报警。如果多人灭火，应进行分工：一部分人负责灭火，另一部分人清除明火周围的可燃物，防止、

减缓火势蔓延。

②火灾袭来时要迅速逃生，不要贪恋财物。

③受到火势威胁时，要当机立断披上浸湿的衣物、被褥等向安全出口方向冲出去。

④身上着火时千万不要奔跑，可就地打滚或用厚重衣物压灭火苗。

⑤针对不同火情，寻求逃生良策。

逃生开门前应先触摸门锁。如果门锁温度很高，则说明大火或烟雾已封锁房门出口。此时切不可打开房门，应关闭房内所有门窗，用毛巾、被子等堵塞门缝，并泼水降温，同时利用手机等通信工具迅速报警。

如果门锁温度正常或门缝没有浓烟进来，说明大火离自己尚有一段距离，此时可开门观察外面通道的情况。开门时要用一只脚抵住门的下框，以防热气浪将门冲开。在确信大火并未对自己构成威胁的情况下，应尽快逃出火场。

⑥遇有浓烟时要用湿毛巾捂鼻，弯腰低头迅速撤离。通过浓烟区时，要尽可能以最低姿势或匍匐姿势快速前进，并用湿毛巾捂住口鼻。不要向狭窄的角落退避，如墙角、桌子底下、大衣柜里等。

⑦逃生勿入电梯，楼梯可以救急。火灾时，电梯往往容易断电而造成电梯"卡壳"，人在电梯里随时会被浓烟毒气熏呛而窒息。

⑧如果所有逃生线路被大火封锁，要立即退回室内，用打手电筒、挥舞衣物、呼叫等方式向窗外发送求救信号，等待救援。千万不要盲目跳楼，可利用疏散楼梯、阳台、排水管等逃生，或者把床单、被套撕成条状连成绳索，紧拴在窗框、铁栏杆等固定物上顺绳滑下，或者下到未着火的楼层脱离险境。

⑨预先熟悉逃生路线，了解逃生方法。

每个人要对自己工作、学习或生活的建筑物的结构及逃生路线做到了然于胸，熟悉建筑物内的消防设施及自救逃生的方法。这样在火灾发生时，就不会走投无路了。

阅读材料

常见灭火器的使用方法

1. 消火栓的使用方法

①打开或击碎消火栓箱门，取出消防水龙带并展开。

② 消防水龙带一头接在消火栓接口上。
③ 消防水龙带另一头接上消防水枪。
④ 按下箱内消火栓起泵按钮。
⑤ 打开消火栓上的水阀开关。
⑥ 对准火源根部进行灭火。

2. 干粉灭火器的使用方法

① 使用前要将瓶体颠倒几次，使筒内干粉松动。
② 除掉铅封。
③ 拔掉保险销。
④ 左手握着喷管。
⑤ 右手提着压把。
⑥ 在距火焰两米的地方，右手用力压下压把，左手拿着喷管左右摇摆，喷射干粉覆盖燃烧区，直至把火全部扑灭。

3. 无管灭火器的使用方法

① 先将瓶体颠倒几次，使筒内干粉松动。
② 除掉铅封或钥匙。
③ 拔掉保险销。
④ 左手端着瓶底，右手抓着压把。
⑤ 对着火苗根部压下压把进行灭火。

4. 泡沫式灭火器的使用方法

① 用右手提着灭火器筒上面的提手，迅速到达火灾现场。应注意不得使灭火器过分倾斜，更不可横拿或颠倒，以免两种药剂混合而提前喷出。
② 当距离着火点10米左右，即可将筒体颠倒过来，一只手紧握提环，另一只手扶住筒体的底圈，将射流对准燃烧物。
③ 站立起身，把灭火器颠倒过来呈垂直状态，用劲上下晃动几下，喷嘴对准着火点，然后松开喷嘴。
④ 把喷嘴朝向燃烧区，站在离火源5米的地方喷射，并不断前进，围着火焰喷射，直至把火扑灭。
⑤ 灭火后，把灭火器卧放在地上，喷嘴朝下。
使用泡沫灭火器时应该注意，使用时颠倒，左右摆动，使药剂混合，产生

含二氧化碳气体的泡沫受压喷出；人要站在上风处，要从火势蔓延最危险的一边喷起，然后逐渐移动，注意不要留下火星；手要握住喷嘴木柄，以免被冻伤。因为二氧化碳在空气中的含量过多，对人体也是不利的，所以在空气不畅通的场合喷射后应立即通风。

5. 二氧化碳灭火器的使用方法

① 在距燃烧物 5 米左右放下灭火器，拔出保险销。
② 一手握住喇叭筒根部的手柄，另一只手紧握启闭阀的压把。
③ 将喷口对准火焰根部灭火。

使用二氧化碳灭火器时要注意：使用时要戴手套，以免皮肤接触喷筒和喷射胶管，造成冻伤；扑救电器火灾时，如果电压超过 600 V，应先断电后灭火；在室外使用二氧化碳灭火器时，应选择在上风方向喷射；在室内窄小空间使用时，灭火后操作者应迅速离开，以防窒息。二氧化碳灭火器有开关式和闸刀式两种。在使用时，先拔去保险销，然后一手握住喷射喇叭上的木柄，一手按动鸭舌开关或旋转开关，最后提握器身。需要注意的是，闸刀式灭火器一旦打开就再也不能关闭了，因此在使用前要做好准备。

B5 交通安全

大学生有义务、有责任成为一个文明交通的倡导者和实践者，在平日里做个文明的行路人、骑车族、乘车者。

一、做个文明行路人

过马路是最为普遍，又是流动性最大、参与人数最多的一种交通行为。如果在强大的急流中无规则地穿行，那么无疑是十分危险的。乱穿马路的危险是客观存在的，而乱穿马路者不知危险的存在是最为可怕的。有的人为图方便，随意乱闯或斜行；有的人车前车后突然横过马路；有的人放着人行天桥、地道不走，在车行道上往返；甚至还有人跨越中心隔离栏强行横过马路。这些损人不利己的不文明行为，与文明市民的形象不符，与大学生的称号也不符。

① 过马路时要做到：在人行横道内横穿马路；注意过往的车辆，不与车辆争先；在设有行人信号灯的地方，需要自觉地按信号灯指示行走；在无人行

横道的路段看清无来车的情况下，迅速通过。

② 在路上行走时要做到：思想要集中，要注意来往的行人，切勿三五成群、勾肩搭背、并排行进而影响他人行走；路遇熟人交谈时，应尽量靠边或选择不妨碍他人通行的地方；雨天撑伞行走，注意不要挡住自己的视线，并要避免雨水弄湿他人的衣衫或用伞骨碰伤他人；在狭窄的人行道上行走时，要相互谦让；遇到行动迟缓的老人时，要避让而行；不要边走边看书报杂志、边走边看手机，以免误撞他人或遭固定物撞击，造成不必要的伤害；行走时如与他人发生冲撞，应以文明的语言主动向对方打招呼致歉；当遭遇对方碰撞时，应宽容待人，切忌大声训斥甚至大打出手；在无人行道的路段，应尽量靠路边行走。

二、骑车须规范有序

① 行车（助动车、残疾车）应在非机动车道上有序行驶，切勿争先恐后、曲线行驶，影响其他车辆的行车安全。当骑自行车在道路上行驶时，要在自己的车道内按顺序行进，要尊重他人的通行权；骑车时要集中思想，注意周围的交通情况，遇前方道路有障碍确须借用机动车道时，应礼让机动车先行，一旦越过障碍后，应立即返回原车道行驶；如果遇见熟人，切不可并肩慢行交谈，而影响后面自行车的正常行驶；行驶至路口遇红灯应自觉停在停车线以内，不要影响被放行车辆的通行。

② 请勿在车行道和人行道上乱停、乱放车辆，以免妨碍其他车辆和行人通行。骑自行车外出办事到达目的地，需要临时停放车辆时，有许多骑车人无视停车规定，只图自己方便，将自行车随意在人行道上乱停、乱放，迫使行人只能绕道而行；有的骑车人甚至将自行车停放在车行道上，影响了其他车辆（包括非机动车）的正常通行；在一些交通枢纽站点和地铁出入口附近，更是常常"车满为患"，交通秩序混乱。这些行为不仅妨碍了他人的正常通行权益，更严重地影响了市容的整洁和交通秩序。因此，骑车外出时，应在公安交通管理部门指定的地点停放车辆，停放时也应按顺序排放整齐，保持人行道的整洁畅通；在其他地段停放自行车，要在不妨碍他人通行的前提下做到有序停放，特别繁忙或过于狭窄的人行道上绝不可停放自行车。

③ 当公交车辆进出站时，骑车人应主动礼让，让公交车辆快进快出，以确保公交站点的秩序。因此，当骑车遇见公交车辆进出站时，理应主动让出通行

权或先行权，让公交车辆优先通行；当在公交车辆前面时，应加速让出通道。

三、乘车要文明礼让

① 请在人行道上或站台上候车。当出行需要乘坐公交车或出租汽车时，应在公交站台或人行道上候车，这是专供乘车人等候的安全地带。在人行道上候车时，应在人行道外侧等候，保障其他行人的正常通行，不能在非机动车道上候车而影响非机动车的通行；在机动车非隔离处公交站台上候车须通过非机动车道时，应注意避让非机动车，切勿在车行道上候车而影响车辆的正常行驶；等候出租汽车时，应在允许停车的地点等候出租汽车，不要在机动车道或路口招手拦车，此处不仅影响车速而且极易引发意外事故。

② 公交车辆到站后，应先下后上，依次上车，勿争先恐后。公交车辆进站时，应等待车辆停稳，让车上的乘客下车完毕腾出空间后，再行上车；上车时应按顺序，遇见"老、弱、病、残"的乘客应礼让。乘车秩序的井井有条，既有利于缩短上车时间，加快客运车辆安全正点地运营，又有利于社会风气的净化。

③ 乘车时，应注意仪态举止。乘坐公交车辆时，应注意自身的形象，随时检点和约束自己的不良行为；应自觉遵守乘车规定，相互尊重，相互帮助，事事处处要为他人着想。在车上，遇见"老、弱、病、残、孕"的乘客应主动起身让座；雨天上车，应事先将雨具收好，用塑料纸（袋）包好，避免雨水滴漏在他人身上；不带"带刺"的物品乘车，以免刺伤其他乘客；不带大件物品上车，以免占据太多空间，给他人带来行动上的不便；车厢内不要大声喧哗，以确保车厢这个狭窄空间的安静、和谐、舒畅和整洁。

④ 作为一名乘客，在乘车途中遇到车辆抛锚时，首先要从大局出发，积极配合驾驶员，主动下车，远离故障车辆，有序撤离到安全地带。车辆抛锚会给交通带来一定的影响，同时也会影响乘客的出行计划，此时焦急和抱怨就变得不可避免。在当今的文明社会中，应更多地提倡"我为人人，人人为我"的思想，学会相互尊重、相互关心、相互服务、相互帮助。

⑤ 乘坐出租汽车时，应从右侧车门上下车。我国的通行原则是"一切车辆靠右行驶"，当乘坐出租车到达目的地时，驾驶员会将车辆停靠在可以停靠的人行道街沿。此时，只要将右侧（靠人行道一侧）的车门打开，就能迅速走上人行道，既安全又方便。但是，在道路上经常发现为数不少的乘客，在出租车

到达目的地下车时，从左侧突然开门下客，使从后面行驶而来的自行车措手不及而撞击车门；有的骑车人对突如其来的开门不胜防备，当即倒地受伤，甚至被后面驶来的机动车碾压致死的也不在少数。因此，我们要增强交通安全意识，下车时既注意自己的人身安全，又关心他人的安危，如此方能确保乘车安全。

四、发生交通事故的处理

① 机动车与机动车、机动车与非机动车在道路上发生未造成人身伤亡的交通事故，当事人对事实及成因无争议的，应在记录交通事故的时间、地点、对方当事人的姓名和联系方式、机动车牌号、驾驶证号、保险凭证号、碰撞部位，并共同签名后撤离现场，自行协商损害赔偿事宜。当事人对交通事故事实及成因有争议的，应当迅速拨打122报警电话。

② 非机动车与非机动车或行人在道路上发生交通事故，未造成人身伤亡，且基本事实及成因清楚的，当事人应当先撤离现场，再自行协商处理损害赔偿事宜。当事人对交通事故事实及成因有争议的，应当迅速拨打122报警电话。

模块 C
和谐校园

随着年龄增长，我们学习到的知识越来越丰富，活动和交际的空间也变得越来越广阔。对于人际交往，同学们掌握了多少基本的社交礼仪呢？想更系统地了解人际交往的常识吗？想知道步入职场、踏入社会后，与他人建立良好沟通关系的基本知识吗？让我们一起来思考和探讨吧！

C1 日常行为礼仪——介绍、握手、领路

一、操练内容

新的一天开始了，罗林穿戴整齐，神采奕奕地去上班。公司所在的大厦楼下，罗林遇到上司王经理和前来洽谈业务的客户张女士。王经理有急事去办，让罗林带着张女士先到公司，参观公司的展厅。罗林面含笑意，大方得体地接待了张女士。乘坐电梯时，罗林按了呼梯按钮，轿厢打开，罗林按着"开门"按钮，请张女士先进电梯，自己随后进入，并按下公司所在的楼层号。到达后，一手按住"开门"按钮，另一手做出请出的动作，请张女士先出电梯。展厅在公司的二层，罗林把张女士让到靠墙的一侧，自己走在外侧的前方，侧身面对张女士，让张女士感到很亲切。参观结束后，张女士向罗林握手致谢，并在罗林的上司面前夸奖了罗林。

二、操练要点

① 罗林见到王经理和张女士，该如何打招呼？
② 王经理该如何为张女士和罗林做介绍？
③ 罗林和张女士同乘电梯，该如何得体关照？
④ 罗林和张女士一同上下楼梯，该如何得体关照？

⑤ 张女士和罗林如何得体握手？

三、基础知识

（一）打招呼礼仪

① 见到尊长、同事，熟人，打招呼是必要的。应热情主动地与人打招呼，面带微笑、热情大方，不要夸大表情。

② 打招呼的先后顺序是：位卑者应主动与尊长打招呼，如果尊长有多人，应从级别最高的人开始问候。

③ 当想与人打招呼时，刚好赶上对方与其他人谈话，此时应该向对方微笑点头以示敬意。

④ 来到新环境中，不知道如何称呼别人时，可以客气地问对方："先生/女士，我是新来的，不知道该怎么称呼您？"

（二）介绍礼仪

① 自我介绍时，自己的名字要特别说清楚。一些人在自我介绍时，吐字不清，而使别人听不清楚，自然也就记不住名字，甚至会带来坏印象。告别时，最好再向对方告知一遍。这样一来，不但使对方容易记住，而且也能给对方留下一个很积极的印象。

② 当他人做自我介绍时，不要考虑自己该说什么，而要全神贯注地听对方的自我介绍并微笑着用眼神与对方交流。如果对方在介绍的时候某个音没有发准确，或者对方名字里的某个字无法确定，那么应果断提出疑问，可以说："抱歉，您刚才说得太快了，我没听清楚，麻烦您再说一遍。"

③ 为他人做介绍时，一般是将年轻人介绍给老年人、职位低的介绍给职位高的、男士介绍给女士。当把一个人介绍给多数人时，则应当遵守先职位高后职位低、先长后幼、先女后男的原则。

④ 介绍时，一般简略地介绍一下被介绍者的姓名、身份即可。如果被介绍人的职务很多，可以只介绍级别最高的职务或与场合有关的职务。

（三）乘电梯礼仪

① 电梯门口处，如果有很多人在等候，此时请勿挤在一起或挡住电梯门口，以免妨碍电梯内的人出来。应先让电梯内的人出来之后方可进入，不可争

先恐后。

② 与尊长或客人同乘电梯时的规范礼仪是：先行进入电梯，一手按"开门"按钮，另一手按住电梯侧门，礼貌地说"请进"，请客人或尊长进入电梯轿厢。生活中更常见的是：按住呼梯按钮，请尊长或客人先行进入电梯，自己再随后进入电梯进行操作。这也是能够获得大家肯定的有礼貌做法。

进入电梯后，按下客人或尊长要去的楼层按钮。如果电梯行进间有其他人员进入，可主动询问目的楼层，帮忙按下。电梯内可视状况决定是否寒暄，如果没有其他人员可略做寒暄，有外人或其他同事在时，可斟酌是否有必要寒暄。电梯内尽量侧身面对客人。到达目的楼层后，一手按住"开门"按钮，另一手做出请出的动作，可说"到了，您先请"。客人或尊长走出电梯后，自己再快速步出电梯，并热诚地引导行进的方向。

③ 进出电梯要礼让，遇到"老、幼、病、残、孕"者，应让其先行。如果乘梯人很多，不妨静候下一趟电梯。

（四）上下楼梯礼仪

① 在上下楼梯时，均应单行行走，如果楼梯较宽，并排行走最多不要超过两人。注意，要靠右侧行走，左侧是留给有急事的人通过的。

② 引导尊长、客人上下楼梯时，出于安全的需要，上楼时应走在尊长、客人的后边；下楼时走尊长、客人的前边。上下楼梯时，要注意姿势和速度，与前后人之间保持一定距离。

③ 客人不熟悉路线时，上下楼时都应该走在其前面引领。

（五）握手礼仪

① 标准的握手方式是行至距握手对象一米处，双腿立正，上身略向前倾，伸出右手，四指并拢，拇指张开与对方相握。握手时用力适度，上下稍晃动三或四次，随即松开手，恢复原状。

② 在握手时，神态要专注、热情、友好、自然，面含笑容，目视对方双眼，同时向对方问候。握手时不宜发表长篇大论，也不宜点头哈腰。

③ 握手的先后顺序，应遵循尊长先伸手的原则。

④ 多人同时握手切忌交叉，要等别人握完后再伸手。握手时不要看着第三者，更不能东张西望。

模块 C　和谐校园

C2　日常行为礼仪——做客、待客

一、讨论内容

但丁有一次受邀参加国宴，故意穿得破旧邋遢，丝毫不起眼。一进宫门，他立刻被侍从安排在宴会厅的偏僻角落，没有被盛情款待。等他再次接受国王邀请时，改以华服美饰装扮出现，结果立刻被邀至国王身旁的贵宾席位。

在宴会进行中，但丁把美酒倒在衣服上，把美食往身上涂，国王和宾客们都看傻了眼。这时但丁说，这次所以被礼遇是因为这套衣服，可见被邀请的是衣服，而不是他本人。

二、讨论要点

① 一种观点认为错在国王的侍从，他们以貌取人，对华冠丽服的人另眼

看待。你认可吗？

② 另一种观点认为错在但丁，他不修边幅，被安排在偏僻角落无可厚非。他故意如此，反过来责备别人是不懂得尊重别人。你认可吗？

三、基础知识

（一）做客

① 在对所赠送的礼品进行介绍时，应该强调的是自己对受赠一方所怀有的好感与情义，而不是强调礼物的实际价值。

② 做客前应提前跟对方预约时间，最好能够提前一天或几天，使对方可以有充分的准备时间。

③ 进门前要轻轻敲门，不能破门而入，再熟悉的朋友也要等主人招呼再进门。做客时举止要稳重得体，不经允许不可闯到其他房间里去；尽量不要随意乱动主人家的东西，也不要对房间里的摆设进行过多的评论。

④ 交谈的时间要掌握好，看到主人有倦怠的表示，要及时告辞。做客时，遇有其他客人要礼貌地打招呼，如果别的客人有急事，应主动起身告辞——一般是先来做客的客人先告辞，以示对后来客人的尊重。

（二）待客

① 收到礼品时，应双手捧接，并立即表示感谢。

② 当客人提出告辞时，要等客人起身后再站起来相送，切忌对方尚未起身，自己先起立相送。

③ 送客要"身送七步"。送客时应主动与客人握手送别，并送出门外或送到楼下。

（三）宴席礼仪

① 中式宴席"尚左尊东""面朝大门为尊"。如果是圆桌，则正对大门的为主客（主陪），主客左右手边的位置则以离主客的距离来看，越靠近主客位置越尊。

② 赴宴入座不可一见空位就自行坐下，应听从主人安排，按主方给定的座位就座。入座时，应让年长者、地位高者和女士优先。

③ 对餐具的使用，须注意的原则是：能用筷子取的，应以筷子夹取，不

方便用筷子的才用汤匙；先置于自己的碗碟中，然后再慢慢吃；骨头、鱼刺等不可吐在桌布上。

④ 餐桌宴饮时，应避免打哈欠、咳嗽、擤鼻子、剔牙等不雅行为。

⑤ 当宴会结束离开餐桌时，不应把座椅拉开就走，而应在自己走出座位后再把椅子挪回到原来的位置。离开座位时一定要让身份高者、年长者和女士先走，贵宾一般是第一位告辞的人。

⑥ 正式的敬酒在宾主入席后、用餐前开始就可以敬——一般都是主人来敬，同时还要说规范的祝酒词。祝酒词一般在5分钟之内讲完。

无论是主人还是来宾，如果是在自己的座位上向集体敬酒，就要求首先站起身来，面含微笑，手拿酒杯，面朝大家。这时，所有人应该一律停止用餐或饮酒。

（四）安排菜单

在安排菜单时，应考虑到来宾的饮食禁忌，特别是要对主宾的饮食禁忌要高度重视。这些饮食方面的禁忌主要有4点：宗教的饮食禁忌；考虑宾客的健康禁忌；兼顾不同地区的饮食偏好；有些职业，出于某种原因在餐饮方面往往也有各自不同的特殊禁忌。例如，国家公务员在执行公务时不准吃请；在公务宴请时不准大吃大喝；不准超过国家规定的标准用餐；不准喝烈性酒。再如，驾驶员在工作期间不得饮酒。

四、延伸阅读

且说黛玉自那日弃舟登岸时，便有荣国府打发了轿子并拉行李的车辆久候了。这林黛玉常听得母亲说过，他外祖母家与别家不同。他近日所见的这几个三等仆妇，吃穿用度，已是不凡了，何况今至其家。因此步步留心，时时在意，不肯轻易多说一句话，多行一步路，惟恐被人耻笑了他去。自上了轿，进入城中，从纱窗向外瞧了一瞧，其街市之繁华，人烟之阜盛，自与别处不同。又行了半日，忽见街北蹲着两个大石狮子，三间兽头大门，门前列坐着十来个华冠丽服之人。正门却不开，只有东西两角门有人出入。正门之上有一匾，匾上大书"敕造宁国府"五个大字。黛玉想道：这必是外祖之长房了。想着，又往西行，不多远，照样也是三间大门，方是荣国府了。……

贾母正面榻上独坐，两边四张空椅，熙凤忙拉了黛玉在左边第一张椅上坐了，黛玉十分推让。贾母笑道："你舅母你嫂子们不在这里吃饭。你是客，原应如此坐的。"黛玉方告了座,坐了。贾母命王夫人坐了。迎春姊妹三个告了座方上来。迎春便坐右手第一,探春左第二,惜春右第二。旁边丫鬟执着拂尘、漱盂、巾帕。李、凤二人立于案旁布让。外间伺候之媳妇丫鬟虽多,却连一声咳嗽不闻。寂然饭毕,各有丫鬟用小茶盘捧上茶来。当日林如海教女以惜福养身,云饭后务待饭粒咽尽,过一时再吃茶,方不伤脾胃。今黛玉见了这里许多事情不合家中之式,不得不随的,少不得一一改过来,因而接了茶。早见人又捧过漱盂来,黛玉也照样漱了口。盥手毕,又捧上茶来,这方是吃的茶。贾母便说:"你们去罢,让我们自在说话儿。"王夫人听了,忙起身,又说了两句闲话,方引凤、李二人去了。贾母因问黛玉念何书。黛玉道:"只刚念了《四书》。"黛玉又问姊妹们读何书。贾母道:"读的是什么书,不过是认得两个字,不是睁眼的瞎子罢了!"……

宝玉早已看见多了一个姊妹,便料定是林姑妈之女,忙来作揖。厮见毕归坐,细看形容,与众各别:两弯似蹙非蹙笼烟眉,一双似喜非喜含情目。态生两靥之愁,娇袭一身之病。泪光点点,娇喘微微。闲静时如姣花照水,行动处似弱柳扶风。心较比干多一窍,病如西子胜三分。宝玉看罢,因笑道:"这个妹妹我曾见过的。"贾母说道:"可又是胡说,你又何曾见过他?"宝玉笑道:"虽然未曾见过他,然我看着面善,心里就算是旧相识,今日只作远别重逢,亦未为不可。"贾母笑道："更好，更好，若如此，更相和睦了。"宝玉便走近黛玉身边坐下，又细细打量一番，因问："妹妹可曾读书？"黛玉道："不曾读，只上了一年学，些须认得几个字。"宝玉又道："妹妹尊名是那两个字？"黛玉便说了名。

资料来源： 曹雪芹，高鹗.红楼梦[M].荣宪宾，孙艾琳，校注.北京：金盾出版社，2002.

（黛玉入乡随俗，尊重贾府的规矩，体现了大家闺秀的得体举止。）

C3 关于沟通

一、讨论内容

2018年11月18日，苏州马拉松开跑，在2小时28分58秒马拉松的冲刺阶段，有一女志愿者手拿国旗进入赛道，想递给何引丽，但并未成功。见此，一身穿志愿者荧光背心的男子用手指着何引丽方向，递国旗的女志愿者立即跑步追向何引丽。该女志愿者虽被何引丽落下一大段距离，但却仍旧一直奔跑，试图追上何引丽。不久，在2小时29分16秒，镜头里又有一位身穿深色长大衣、背着背包的志愿者突然出现在何引丽前方的赛道上，终于将国旗递给何引丽，但国旗未能展开，滑落到地面。接国旗前，何引丽与非洲选手处于胶着状态，但接到国旗后，何引丽与非洲选手的差距逐渐拉大，最终与冠军失之交臂，屈居亚军。

赛后，一位跑步圈的自媒体博主在社交网络公开声讨何引丽："成绩比国旗更重要？""既然接了国旗就没有任何理由和借口扔掉！"何引丽本人也不得不做出回应："不是扔的，国旗全部湿透，我的胳膊也僵了，摆臂的时候甩出去了。"

二、讨论要点

① 声讨何引丽的自媒体博主的言行是否恰当？
② 生活中，你还经历过哪些不良的沟通方式？
③ 请讲述所经历的印象最深的一次良好沟通。

三、基础知识

（一）生活中的不良沟通方式

人们的生活离不开沟通。在生活中，许多人有意或无意中采用的是隐藏着暴力的不良沟通方式。沟通中隐藏于语言的精神暴力不易被察觉，但是杀伤力巨大，阻碍人们建立健康良好的沟通关系，也常常成为有形暴力的导火索。

① 惯于道德评判，对别人妄下论断便是常见的不良沟通方式。以这种方式沟通时，使用的语言倾向于评判和指责，如果一个人的行为不符合自己的价值观，就评判对方为错误的。这样的沟通方式往往隐含着恶意，同时也很可能会招来敌意。

② 强人所难也很常见，即勉强别人去做他不能做或不愿做的事情。强人所难只是一厢情愿，更容易挑起冲突而非顺利解决问题。没有人愿意接受别人的指手画脚，更没有人在听到"你该……""你必须……""你一定要……"这样强硬且咄咄逼人的字眼时会感到愉快。

③ 偏离主题，人身攻击。沟通时，应尽量准确、具体，对方哪件事做错了就说哪件事，不能因为他某件事做错了，就论及这个人如何不好，以一件事来论及整个人，把他说得一无是处、一贯如此。例如，用"从来""总是""根本""不可救药""我算看透你了"等来否定人都是不可取的。将批评特定行为转变成攻击人，纯粹是为了攻击对方、发泄怒气，而完全不是为了解决问题，这样的争吵即为"偏离主题"。

如何解决这个问题呢？解决的方法就是"精准表述、一事一议"。当两个人起争执的时候，尽可能地清楚描述惹怒我们的特定行为，而不要"扩大战场"。当两个人的谈话焦点集中在单一的、特定的某个行为上时，问题也就变得容易解决了。

④ 盲目揣测，回避真相。在争吵的时候，我们往往没有耐心倾听对方说什么，甚至常常打断对方的话，仓促地得出结论并加以反驳。两个人关系越亲密，这样的事情就越容易发生，因为总觉得对方的想法、观点和反应自己都了如指掌。人在生气的时候，其实很容易把别人往坏处想，也许对方本来没有那层意思，自己却从中解读出恶意，从而激起自己的怒气。

正确的做法是主动求证，避免误会。

在现实生活中，我们经常遇到未遂心愿的事。当没有掌握正确的沟通方法时，内心容易被沮丧、痛苦、愤怒所左右。用错误的语言和表达方式去沟通，虽然致力于满足某种愿望，却往往忽视人的感受和需要，以致造成彼此的疏远和伤害。进行语言攻击，激化矛盾，只会带来我们不想要的后果。

（二）"观察—感受—说出需要—请求"的良好沟通模式

良好的沟通模式应是"观察—感受—说出需要—请求"。

① 良好沟通的第一个要素是观察。我们仔细观察正在发生的事情，并清楚地说出观察结果。良好的沟通并不要求我们保持完全的客观而不做任何评论，只是强调区分观察和评论的重要性。良好的沟通不鼓励绝对化的评论，而主张评论要基于特定时间和环境中的观察。例如，"他昨天没上晚自习"是观察，"他是个差劲的学生"是评论。

② 良好沟通的第二个要素是感受。学会表达感受，如"我感到很高兴""我很生气""我很伤心"等，可以使沟通更为顺畅。只有学会体会和表达自己的感受，才能在沟通当中不断地考虑这些感受的背后存在着什么样的期待和需要，以及是否可以通过语言将其表达出来。做到了这些，不但会让自己的内心感到满足，还会让自己的情绪在这样的表达过程中得到疏解和转化。而对方清楚了我们的感受之后，也更容易做出正确积极的回应，沟通中的矛盾和冲突也会因此化解。

③ 良好沟通的第三个要素是说出需要。对他人的指责、批评、评论及分析反映了我们的需要和价值观。如果我们通过批评来提出主张，人们的反应常常是申辩或反击。反之，如果直接说出我们的需要，其他人就较有可能做出积

极的回应。

④ 良好沟通的第四个要素是请求。我们告诉人们，为了改善生活希望他们做什么。要避免使用抽象的语言，而要借助具体的描述来提出请求。例如，正确的明确请求是"下了班回家吃饭"，而非"下了班别总待在办公室"。在沟通时，我们将自己想要的回应讲得越清楚，就越有可能得到理想的回应。

良好的沟通模式可以在人和人之间建立有效联结，既可以让人更加清晰地认知和接纳自己，也可以正确感知和理解他人。

良好的沟通模式关注每一个人的需要，体会交流双方的感受和需求，并寻求可行的解决方法，最终让双方的请求都得到满足，达到高效沟通的目的，让我们既能够清晰而明确地表达自己，又能够尊重和倾听他人。

四、延伸阅读

阿Q不独是姓名籍贯有些渺茫，连他先前的"行状"也渺茫。因为未庄的人们之于阿Q，只要他帮忙，只拿他玩笑，从来没有留心他的"行状"的。而阿Q自己也不说，独有和别人口角的时候，间或瞪着眼睛道：

"我们先前——比你阔的多啦！你算是什么东西！"

阿Q没有家，住在未庄的土谷祠里；也没有固定的职业，只给人家做短工，割麦便割麦，舂米便舂米，撑船便撑船。工作略长久时，他也或住在临时主人的家里，但一完就走了。所以，人们忙碌的时候，也还记起阿Q来，然而记起的是做工，并不是"行状"；一闲空，连阿Q都早忘却，更不必说"行状"了。只是有一回，有一个老头子颂扬说："阿Q真能做！"这时阿Q赤着膊，懒洋洋的瘦伶仃的正在他面前，别人也摸不着这话是真心还是讥笑，然而阿Q很喜欢。

阿Q又很自尊，所有未庄的居民，全不在他眼神里，甚而至于对于两位"文童"也有以为不值一笑的神情。夫文童者，将来恐怕要变秀才者也；赵太爷钱太爷大受居民的尊敬，除有钱之外，就因为都是文童的爹爹，而阿Q在精神上独不表格外的崇奉，他想：我的儿子会阔得多啦！加以进了几回城，阿Q自然更自负，然而他又很鄙薄城里人，譬如用三尺三寸宽的木板做成的凳子，未庄人叫"长凳"，他也叫"长凳"，城里人却叫"条凳"，他想：这是错的，可笑！油煎大头鱼，未庄都加上半寸长的葱叶，城里却加上切细的葱丝，他想：这也是错的，可笑！然而未庄人真是不见世面的可笑的乡下人呵，他们没有见过城里的煎鱼！

阿Q"先前阔",见识高,而且"真能做",本来几乎是一个"完人"了,但可惜他体质上还有一些缺点。最恼人的是在他头皮上,颇有几处不知于何时的癞疮疤。这虽然也在他身上,而看阿Q的意思,倒也似乎以为不足贵的,因为他讳说"癞"以及一切近于"赖"的音,后来推而广之,"光"也讳,"亮"也讳,再后来,连"灯""烛"都讳了。一犯讳,不问有心与无心,阿Q便全疤通红的发起怒来,估量了对手,口讷的他便骂,气力小的他便打;然而不知怎么一回事,总还是阿Q吃亏的时候多。于是他渐渐的变换了方针,大抵改为怒目而视了。

　　谁知道阿Q采用怒目主义之后,未庄的闲人们便愈喜欢玩笑他。一见面,他们便假作吃惊的说:

　　"哙,亮起来了。"

　　阿Q照例的发了怒,他怒目而视了。

　　"原来有保险灯在这里!"他们并不怕。

　　阿Q没有法,只得另外想出报复的话来:

　　"你还不配……"这时候,又仿佛在他头上的是一种高尚的光容的癞头疮,并非平常的癞头疮了;但上文说过,阿Q是有见识的,他立刻知道和"犯忌"有点抵触,便不再往底下说。

　　闲人还不完,只撩他,于是终而至于打。阿Q在形式上打败了,被人揪住黄辫子,在壁上碰了四五个响头,闲人这才心满意足的得胜的走了,阿Q站了一刻,心里想,"我总算被儿子打了,现在的世界真不像样……"于是也心满意足的得胜的走了。

　　……

　　远远的走来了一个人,他的对头又到了。这也是阿Q最厌恶的一个人,就是钱太爷的大儿子。他先前跑上城里去进洋学堂,不知怎么又跑到东洋去了,半年之后他回到家里来,腿也直了,辫子也不见了,他的母亲大哭了十几场,他的老婆跳了三回井。后来,他的母亲到处说,"这辫子是被坏人灌醉了酒剪去了。本来可以做大官,现在只好等留长再说了。"然而阿Q不肯信,偏称他"假洋鬼子",也叫作"里通外国的人",一见他,一定在肚子里暗暗的咒骂。

　　阿Q尤其"深恶而痛绝之"的,是他的一条假辫子。辫子而至于假,就是没有了做人的资格;他的老婆不跳第四回井,也不是好女人。

　　这"假洋鬼子"近来了。

　　"秃儿。驴……"阿Q历来本只在肚子里骂,没有出过声,这回因为正气忿,因为要报仇，便不由的轻轻的说出来了。

不料这秃儿却拿着一支黄漆的棍子——就是阿Q所谓哭丧棒——大踢步走了过来。阿Q在这刹那，便知道大约要打了，赶紧抽紧筋骨，耸了肩膀等候着，果然，拍的一声，似乎确凿打在自己头上了。

"我说他！"阿Q指着近旁的一个孩子，分辩说。

拍！拍拍！

在阿Q的记忆上，这大约要算是生平第二件的屈辱。幸而拍拍的响了之后，于他倒似乎完结了一件事，反而觉得轻松些，而且"忘却"这一件祖传的宝贝也发生了效力，他慢慢的走，将到酒店门口，早已有些高兴了。

但对面走来了静修庵里的小尼姑。阿Q便在平时，看见伊也一定要唾骂，而况在屈辱之后呢？他于是发生了回忆，又发生了敌忾了。

"我不知道我今天为什么这样晦气，原来就因为见了你！"他想。

他迎上去，大声的吐一口唾沫：

"咳，呸！"

小尼姑全不睬，低了头只是走。阿Q走近伊身旁，突然伸出手去摩着伊新剃的头皮，呆笑着，说：

"秃儿！快回去，和尚等着你……"

"你怎么动手动脚……"尼姑满脸通红的说，一面赶快走。

酒店里的人大笑了。阿Q看见自己的勋业得了赏识，便愈加兴高采烈起来：

"和尚动得，我动不得？"他扭住伊的面颊。

酒店里的人大笑了。阿Q更得意，而且为了满足那些赏鉴家起见，再用力的一拧，才放手。

他这一战，早忘却了王胡，也忘却了假洋鬼子，似乎对于今天的一切"晦气"都报了仇；而且奇怪，又仿佛全身比拍拍的响了之后轻松，飘飘然的似乎要飞去了。

"这断子绝孙的阿Q！"远远地听得小尼姑的带哭的声音。

"哈哈哈！"阿Q十分得意的笑。

"哈哈哈！"酒店里的人也九分得意的笑。

……

然而这一次的胜利，却又使他有些异样。他飘飘然的飞了大半天，飘进土谷祠，照例应该躺下便打鼾。谁知道这一晚，他很不容易合眼，他觉得自己的大拇指和第二指有点古怪：仿佛比平常滑腻些。不知道是小尼姑的脸上有一点滑腻的东西粘在他指上，还是他的指头在小尼姑脸上磨得滑腻了？……

"断子绝孙的阿Q！"

阿Q的耳朵里又听到这句话。他想：不错，应该有一个女人，断子绝孙便没有人供一碗饭，……应该有一个女人。夫"不孝有三无后为大"，而"若敖之鬼馁而"，也是一件人生的大哀，所以他那思想，其实是样样合于圣经贤传的，只可惜后来有些"不能收其放心"了。

"女人，女人！……"他想。

"……和尚动得……女人，女人！……女人！"他又想。

我们不能知道这晚上阿Q在什么时候才打鼾。但大约他从此总觉得指头有些滑腻，所以他从此总有些飘飘然；"女……"他想。

即此一端，我们便可以知道女人是害人的东西。

中国的男人，本来大半都可以做圣贤，可惜全被女人毁掉了。商是妲己闹亡的；周是褒姒弄坏的；秦……虽然史无明文，我们也假定他因为女人，大约未必十分错；而董卓可是的确给貂蝉害死了。

阿Q本来也是正人，我们虽然不知道他曾蒙什么明师指授过，但他对于"男女之大防"却历来非常严；也很有排斥异端——如小尼姑及假洋鬼子之类——的正气。他的学说是：凡尼姑，一定与和尚私通；一个女人在外面走，一定想引诱野男人；一男一女在那里讲话，一定要有勾当了。为惩治他们起见，所以他往往怒目而视，或者大声说几句"诛心"话，或者在冷僻处，便从后面掷一块小石头。

谁知道他将到"而立"之年，竟被小尼姑害得飘飘然了。这飘飘然的精神，在礼教上是不应该有的，——所以女人真可恶，假使小尼姑的脸上不滑腻，阿Q便不至于被蛊，又假使小尼姑的脸上盖一层布，阿Q便也不至于被蛊了，——他五六年前，曾在戏台下的人丛中拧过一个女人的大腿，但因为隔一层裤，所以此后并不飘飘然，——而小尼姑并不然，这也足见异端之可恶。

"女……"阿Q想。

他对于以为"一定想引诱野男人"的女人，时常留心看，然而伊并不对他笑。他对于和他讲话的女人，也时常留心听，然而伊又并不提起关于什么勾当的话来。哦，这也是女人可恶之一节：伊们全都要装"假正经"的。

资料来源：鲁迅.鲁迅小说全集［M］.武汉：武汉出版社，2010.

（阿Q惯于道德评判、人身攻击、主观臆断。）

C4　关于愤怒

一、讨论内容

2018年10月28日上午10时许，位于重庆万州区的万州长江二桥上，一辆载客的22路公交大巴车在与一辆小轿车发生碰撞以后，从近40米高的桥面坠入长江。事后经公安机关调查，确认该事故造成包括司机与乘客在内的共15人失联，其中13人已确认遇难。监控视频显示，本次公交车坠江悲剧系一名乘客因坐过站而与司机争执，最后因司乘双方互殴导致车辆失控所致。乘客刘某在乘坐公交车过程中，因坐过站而与驾驶员冉某发生争执。刘某两次持手机攻击正在驾驶中的冉某，其行为严重危害车辆的行驶安全。冉某身为驾驶人员，在驾驶公交车过程中，明知还击攻击者刘某且与对方抓扯危及行车安全，但依然放开方向盘，与刘某扯打在一起。

事实上，这次发生惨剧的重庆22路公交此前已多次发生司乘纠纷。2015年12月29日清晨，司机左某在老年乘客程某坐过站后，没有同意程某的停车要求。程某盛怒之下，用力抠投币箱索要2元乘车款，同时抢夺司机左某手中的方向盘。左某踩了一脚急刹车，车辆冲向路边的人行道，撞击道旁树和指示牌后才停下来。事故造成司机左某的背部受伤，呼吸困难，另外造成一名老年乘客人身受到伤害。公交车也受到不同程度的损坏，损失价值超过2万元。

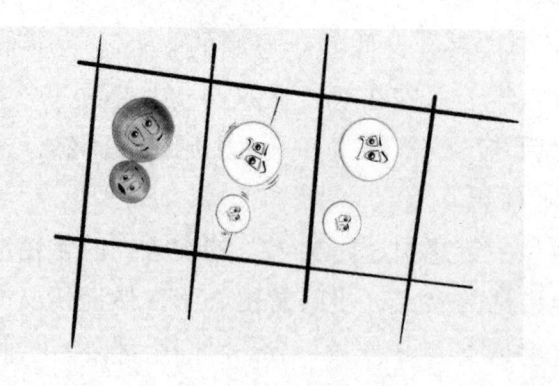

二、讨论要点

① 请回忆一件最让你愤怒的事。

② 如果重新来一遍，你会怎么做？

三、基础知识

（一）愤怒的概念

在社会生活中，经常可以看到因愤怒导致的争执、冲突和暴力。

愤怒是一种常见的负面情绪。愤怒在人的成长过程中出现较早。相关研究认为，出生 3 个月的婴儿就有愤怒的表现。限制婴儿探索外界环境能引起愤怒，如约束婴儿身体的活动、强制婴儿睡觉、限制他的活动范围、不给他玩玩具等均可引起愤怒。

愤怒是一种消极的感觉状态，是需求得不到满足时带给人的一种极度不满和情绪激动的体验。

（二）愤怒的危害

愤怒是一种防御情绪，一个人若感受不到愤怒情绪，就无法保护自己。在诸多情绪中，人们对他人愤怒情绪的觉察能力最强，其原因可能在于愤怒可能引发攻击行为，对他人潜在攻击行为的忽视可能会影响个体的安全。另外，从愤怒主体的角度，通过"怒目圆睁"提醒身边的人"我是有底线的，破了这个线你会很危险"，人们可以达到不打架而得到比打架更好的结果。

但是，不受控制的愤怒会损害身体健康，危害不可估量。当人处于愤怒情绪中时，交感神经异常兴奋，会心跳加快、血压上升、呼吸急促，经常如此必然导致冠心病、高血压、消化性溃疡等疾病。

愤怒会损害人际关系。在愤怒的情况下很可能导致丧失理智，做出冲动的事情，导致在人际交往中造成紧张甚至无法挽回的局面。当很难控制自己的愤怒情绪时，可能还会做出难以估计的行为，对别人造成严重的伤害。

（三）化解愤怒情绪的几种方法

① 倾诉法。倾诉法是指学会把心中的不快、郁闷、愤怒、困惑等消极情绪向控制能力强的朋友倾诉，寻求他们的疏导和帮助。

② 转移法。转移法是指当出现愤怒情绪时，把注意力转移到感兴趣的事情上去，如散步、跑步、钓鱼、打球等，以帮助情绪平静下来。

③ 深呼吸法。深呼吸法是指闭上眼睛，深吸气，然后慢慢地把气吐出来，再深吸气。如此持续几个循环，会发现呼吸变平稳，人也平静了。

④ 宣泄法。宣泄法是指试着大哭一场，或者开怀大笑一场。

⑤ 走进大自然法。这是指大自然的山水往往能平静心情、净化心灵，走进大自然可以让人心情愉悦，自然忘掉烦恼。

四、延伸阅读

宋江见山寨连添了许多人马，四方豪杰望风而来，因此叫李云、陶宗旺监工，添造房屋并四边寨栅。段景住又说起那匹马的好处，宋江叫神行太保戴宗，去曾头市探听那匹马的下落消息，快来回报。且说戴宗前去曾头市探听，去了三五日之间，回来对众头领说道："这个曾头市上，共有三千馀家。内有一家唤做曾家府。这老子原是大金国人，名为曾长者，生下五个孩儿，号为曾家五虎。大的儿子唤做曾涂，第二个唤做曾参，第三个唤做曾索，第四个唤做曾魁，第五个唤做曾升。又有一个教师史文恭，一个副教师苏定。去那曾头市上，聚集着五七千人马，扎下寨栅，造下五十馀辆陷车，发愿说他与我们势不两立，定要捉尽俺山寨中头领，做个对头。那匹千里玉狮子马，见今与教师史文恭骑坐。更有一般堪恨那厮之处，杜撰几句言语，教市上小儿们都唱，道：

'摇动铁镮铃，神鬼尽皆惊。铁车并铁锁，上下有尖钉。扫荡梁山清水泊，剿除晁盖上东京！生擒及时雨，活捉智多星！曾家生五虎，天下尽闻名！'"

晁盖听了戴宗说罢，心中大怒道："这畜生怎敢如此无礼！我须亲自走一遭，不捉的此辈，誓不回山！"宋江道："哥哥是山寨之主，不可轻动，小弟愿往。"晁盖道："不是我要夺你的功劳。你下山多遍了，厮杀劳困，我今替你走一遭。下次有事，却是贤弟去。"宋江苦谏不听。晁盖忿怒，便点起五千人马，请启二十个头领相助下山，其馀都和宋公明保守山寨。

晁盖点那二十个头领：林冲、呼延灼、徐宁、穆弘、刘唐、张横、阮小二、阮小五、阮小七、杨雄、石秀、孙立、黄信、杜迁、宋万、燕顺、邓飞、欧鹏、杨林、白胜。共是二十一个头领，部领三军人马下山，征进曾头市。宋江与吴用、公孙胜众头领就山下金沙滩饯行。饮酒之间，忽起一阵狂风，正把晁盖新制的认军旗半腰吹折。众人见了，尽皆失色。吴学究谏道："此乃不祥之兆，兄长改日出军。"宋江劝道："哥哥方才出军，风吹折认旗，于军不利。不若停待几时，却去和那厮理会，未为晚矣。"晁盖道："天地风云，何足为怪。趁此春暖之时，不去拿他，直待养成那厮气势，却去进兵，那时迟了。你且休阻我，遮莫怎地要去走一遭！"宋江那里违拗得住，晁盖引兵渡水去了。宋江悒怏不已，回到山寨，再叫戴宗下山去探听消息。

且说晁盖领着五千人马二十个头领来到曾头市相近，对面下了寨栅。次日，先引众头领上马去看曾头市……

晁盖与众头领正看之间，只见柳林中飞出一彪人马来，约有七八百人。当先一个好汉，戴熟铜盔，披连环甲，使一条点钢枪，骑着匹冲阵马，乃是曾家第四子曾魁，高声喝道："你等是梁山泊反国草寇，我正要来拿你解官请赏，原来天赐其便！如何不下马受缚，更待何时！"晁盖大怒，回头一观，早有一将出马去战曾魁。那人是梁山初结义的好汉豹子头林冲。两个交马，斗了三十馀合，不分胜败。曾魁斗到二十合之后，料道斗林冲不过，掣枪回马，便往柳林中走。林冲勒住马不赶。晁盖领转军马回寨，商议打曾头市之策。林冲道："来日直去市口搦战，就看虚实如何，再作商议。"

次日平明，引领五千人马，向曾头市口平川旷野之地，列成阵势，擂鼓呐喊。曾头市上炮声响处，大队人马出来，一字儿摆着七个好汉：中间便是都教师史文恭，上首副教师苏定，下首便是曾家长子曾涂，左边曾参、曾魁，右边曾升、曾索，都是全身披挂。教师史文恭弯弓插箭，坐下那匹却是千里玉狮子马，手里使一枝方天画戟。三通鼓罢，只见曾家阵里推出数辆陷车，放在阵前。曾涂指着对阵骂道："反国草寇，见俺陷车么？我曾家府里，杀你死的不算好汉。我一个个直要捉你活的，装载陷车里，解上东京，碎尸万段！你们趁早纳降，再有商议。"晁盖听了大怒，挺枪出马，直奔曾涂。众将怕晁盖有失，一发掩杀过去，两军混战。曾家军马一步步退入村里。林冲、呼延灼紧护定晁盖，东西赶杀。林冲见路途不好，急退回来收兵。看得两边各皆折了些人马。晁盖回到寨中，心中甚忧。众将劝道："哥哥且宽心，休得愁闷，有伤贵体。往常宋公明哥哥出军，亦曾失利，好歹得胜回寨，今日混战，各折了些军马，又不曾输了与他，何须忧闷！"晁盖只是郁郁不乐。在寨内一连了三日，每日搦战，曾头市上并不曾见一个。

　　第四日，忽有两个和尚直到晁盖寨里来投拜。军人引到中军帐前，两个和尚跪下告道："小僧是曾头市上东边法华寺里监寺僧人，今被曾家五虎不时常来本寺作践啰唣，索要金银财帛，无所不为。小僧已知他的备细出没去处，特地前来拜请头领，入去劫寨，剿除了他时，当坊有幸。"晁盖见说大喜……

　　晁盖便请两个和尚坐了，置酒相待。林冲谏道："哥哥休得听信，其中莫非有诈？"和尚道："小僧是个出家人，怎敢妄话！久闻梁山泊行仁义之道，所过之处，并不扰民，因此特来拜投，如何故来啜赚将军？况兼曾家未必赢得头领大军，何故相疑？"晁盖道："兄弟休生疑心，误了大事。今晚我自去走一遭。"林冲道："哥哥休去，我等分一半人马去劫寨，哥哥在外面接应。"晁盖道："我不自去，谁肯向前？你可留一半军马在外接应。"林冲道："哥哥带谁入去？"晁盖道："点十个头领，分二千五百人马入去。十个头领是：刘唐、阮小二、呼延灼、阮小五、欧鹏、阮小七、燕顺、杜迁、宋万、白胜。"

资料来源： 施耐庵，罗贯中.水浒传［M］.北京：人民出版社，1975.

（晁盖不能控制愤怒，仓促征战，不幸殒命。）

C5　关于倾听

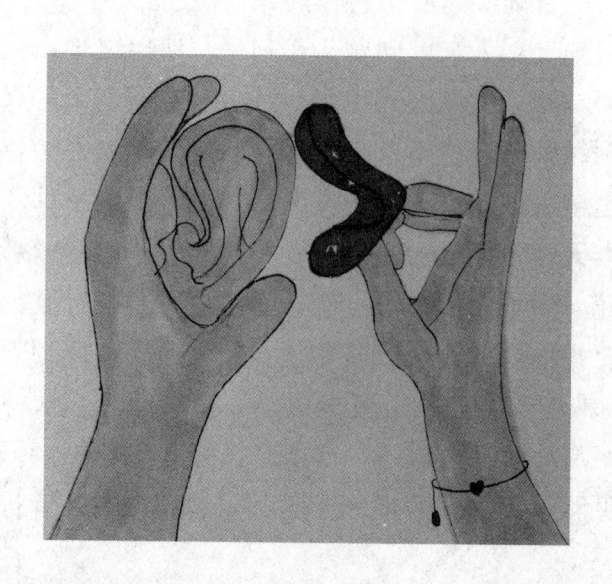

一、表演内容

卡耐基在《人性的弱点》中讲过一个故事。

纽约电话公司在几年前不得不想办法去安抚一位曾凶言恶语咒骂接线员的顾客。他那可是真的咒骂，简直有点歇斯底里，甚至威吓要毁掉电话线路。他不仅拒绝支付某些费用，还认为那是不合理的。他写信给各家报纸，并多次向公众服务委员会投诉，好几次向法院起诉这家电话公司。

最后，电话公司派了一位经验丰富的调解员去见这位喜欢找碴儿的顾客。这位调解员到了这位顾客家中，没有说任何话，只是静静地听他说话。任凭这位好辩的老先生大发牢骚，她只是认真地倾听着，不断说"是"，并同情他的冤屈。

"他毫无顾忌地继续说他的话。我静静地听了将近3个小时。"这位调解员在公司叙述她的经历，"以后我又多次去他那里，而且也是静静地听他诉说。总共见过他4次，而在第四次访问即将结束时，我已经成为他正在创办的一个组织的主要会员了。他自称这个组织为'电话用户权益保障协会'。我现在仍然是这个组织的会员。然而除了这位老先生之外，我是这个组织在这个世界上唯一的会员。"

"在这几次拜访中，我始终都是倾听，并赞同他所谈的任何一件事。他从来没有遇到过电话公司的人像我这样和他谈话的，这使他变得几乎友善起来。在第一次访问他时，我并没提到见他的目的，第二次、第三次我也没有提到。而在第四次的时候，我使这个案件有了完美的结局，这位老先生将所有的欠费都付清了，而且还使他自从与电话公司作对以来第一次撤销了向公众服务委员会的投诉。"

二、操练要点

① 反思自己是否有过这样的行为：用呆滞的眼神看着讲话者，心不在焉地听着，一心只想着自己待会儿要说什么；不耐烦听别人说话，随时打断别人的话。

② 听力游戏。跟同学展开话题讨论，遵守这样的规则：每个人在发言前，都要先复述前一个人的想法和感觉，而且要准确无误，让前者满意才可以。

三、基础知识

（一）重视倾听

如果希望自己成为一个善于谈话的人，首先就要做一个善于倾听别人的人。

苏格拉底对一个前来拜师的滔滔不绝的学生说："你需要交两倍的学费，因为我需要教你两门功课。对于其他人，我只需要教他们怎样开口说话就行了。但是对你，我还要教你先学会怎样闭嘴，去聆听他人。"

正如苏格拉底所言，倾听是比诉说更为重要的一种沟通方法和技能。一个人在诉说时，一般而言需要的不是对方的想法和建议，而是一个让他的内心得到宣泄的出口，或者说是一份理解和接纳。倾听者只有意识到这一点，并理解对方、接纳对方，让对方安心地表达自己的感受和需求，才能使沟通得以顺利地进行下去。

在沟通当中，应通过倾听去体会对方的需要和感受，然后再做出正确的反馈，以便更好地理解和接纳对方，而不是急于提建议和下结论。

（二）学会倾听

我们每个人都需要具备倾听的能力。学生需要懂得倾听，才能获得知识，完成学业；主管需要懂得倾听，才能掌握动态，做出明智的决定，保持员工的士气；销售人员需要懂得倾听顾客说的话；父母需要懂得倾听孩子说的话，等等。

倾听的前提是心胸开阔，不要因为偏见而把"不合意"的信息排斥掉，不要因为与自己的信念、态度、理念和价值相抵触就立刻排斥，不要急着下结论。科学的倾听是对说话者提出的假设与理由带着中立而批判的态度，仔细衡量各种证据的价值与主题背后的逻辑基础。

倾听的过程中要专心听，并在适当的时候反馈，让说话者知道你仍旧在听，并且会继续听下去。很多人在听的时候，往往花太多心思思考自己待会儿该怎么回答或反驳，反而无法做到真正专心倾听，这是一定要避免的。如果没听懂对方的意思，或者是希望对方详细解释一下，可以复述对方说的内容后提出问题，以得到详尽准确的信息。另外，在倾听过程中一定控制住自己，不要插话。

四、延伸阅读

布雷奥泰村的奥什科纳老爹刚刚来到戈代维尔，他正向广场走去，忽然看见地上有一小段细绳子。作为道地的诺曼底人，他十分节俭，认为凡是有用的东西都应该拾起来。他很吃力地弯下腰去，因为他有风湿病。他从地上捡起了那段细绳子，正预备仔细地缠起来，看见马具皮件商玛丹站在店门口望着他。他们过去曾经为了一根笼头吵过架，两个人都是记仇的人，至今也没有言归于好。偏偏让仇人看见自己在烂泥里捡一根绳子，奥什科纳老爹觉得很丢脸，连忙把捡到的东西藏在罩衫下面，紧跟着又藏进裤子口袋；后来又假装在地下找寻什么东西，找来找去没有找到，就伛偻着害风湿病的腰，脑袋向前冲着，朝市场走去。

"奥什科纳先生，"他说，"有人看见你今天早晨在伯兹维尔的大路上，拾到玛纳维尔的乌尔布雷格先生遗失的皮夹。"

这个乡下人目瞪口呆地望着镇长，这个莫名其妙落在他头上的嫌疑把他怔住了。

"我，我，我捡到了这个皮夹？"

"是的，就是你本人。"

"我以人格担保，我连看都没看见过。"

"有人看见你捡的。"

"有人看见我捡的？是谁，谁看见的？"

"马具皮件商玛朗丹先生。"

这时候老人才想起来了，明白了，气得脸通红：

"啊！是这个坏家伙看见我捡的！他看见我捡的是这根绳子，您看，就是这一根，镇长先生。"

他在口袋里摸了半天，掏出了那一段细绳子。

不过镇长摇摇头不相信：

"奥什科纳先生，玛朗丹先生是一个可以信赖的人，你没法使我相信他会把这根绳子当成一个皮夹。"

这时，新闻已经传开了。老头儿一走出镇政府，立刻就被人围住，问长问短，有的确实是出于好奇，有的则带着嘲弄的意思，但是没有一个人替他抱不平。他把绳子的故事讲了一遍。谁也不信。大家都觉得好笑。

一路上，他不是被人截住，就是截住他认识的人，一遍又一遍讲他的故事，提出他的抗议，并且把衣袋翻过来叫人看，证明他什么也没有。

那些人对他说：

"老滑头，算了吧！"

他生气，发火，因为没有人相信他而激动、伤心，他也不知道该怎么办才好，只得一个劲儿地讲他的故事。

天黑下来该回家了。他跟三个乡邻一起往回走，路过捡到绳子的地方，他指给他们看那个地方，一路上不停地谈他的这个遭遇。

晚上，他在布雷奥泰村绕了个圈，把他的遭遇讲给大家听。他遇见的人都不信。

他心里难受了一整夜。

第二天，午后一点钟左右，在依莫维尔的布雷东先生的农庄里当长工的马里于斯·波梅尔把皮夹连同里面装的东西一齐送还给玛纳维尔的乌尔布雷格先生。

据这个长工说，他确实是在大路上拾到的，因为不识字，他就带回去交给了东家。

这个消息传到了四乡。奥什科纳老大爷也听说了。他立刻到各处转悠，把他那个有了结局的故事讲给大家听。他胜利了。

现在他算是放下心了，不过总还有点不知什么东西使他感到别扭。听他讲故事的人，脸上总带着开玩笑的神色，看上去好像不相信。他还似乎觉得背后总有人在嘀嘀咕咕。

这个庄稼人憋得透不出气来。他终于恍然大悟。原来他们认为他支使一个伙伴，一个同谋者把皮夹交了回去。

他还想辩驳，座上的人都大笑起来。

他没法吃完他的这顿饭，在一片嘲笑声中走了。

他于是又讲他的遭遇，每天都要把故事拉长一点，每次都要增加一些新的理由、一些更有力的声明、一些更庄严的誓词，这些都是他独自一个人的时候琢磨出来、预备好的，因为现在他的脑子里只有绳子这一件事了。他的辩解越是复杂，理由越是巧妙，大家越是不相信他。

他一转身，人们就说："这些都是胡诌出来的理由。"

他感觉到这一切，心理跟油煎似的难受，他仍旧做种种的努力，但白白耗费了精力。

眼看着他一天天憔悴了。

现在那些好要笑的人为了取乐，反倒要求他讲绳子的故事了，正如人们请士兵讲打仗一样。在彻底的打击下，他的精神衰退了。

十二月底，他病倒在床上。

他死在正月初，临终说胡话的时候还在证明自己是清白无罪的人，不住念叨：

"一根绳子……一根绳子……瞧，就在这儿呢，镇长先生。"

资料来源：［法］莫泊桑.莫泊桑短篇小说选［M］.赵少侯，译.北京：人民文学出版社，2002.

（倾听的缺失比暴力更能摧毁人。）

C6　肢体语言和麦拉宾法则

一、表演内容

令狐冲道："小师妹，你答允我，以后你千万不可为我冒险，倘若你掉了下去，我一定非陪着你也跳下去不可。"

岳灵珊双目中流露出喜悦无限的光芒，道："大师哥，其实你不用着急，我为你送饭而失足，是自己不小心，你又何必心中不安？"

令狐冲缓缓摇头，说道："不是为了心中不安。倘若送饭的是六师弟，他因此而掉入谷中送了性命，我会不会也跳下谷去陪他？"说着仍缓缓摇头，说道："我当尽力奉养他父母，照料他家人，却不会因此而跳崖殉友。"岳灵珊低声道："但如是我死了，你便不想活了？"令狐冲道："正是。小师妹，那不是为了你给我送饭，如果你是给旁人送饭，因而遇到凶险，我也决计不能活了。"

岳灵珊紧紧握住他双手，心中柔情无限，低低叫了声"大师哥"。令狐冲想张臂将她搂入怀中，却是不敢。两人四目交投，你望着我，我望着你，一动也不动，大雪继续飘下，逐渐，逐渐，似乎将两人堆成了两个雪人。

……

次日傍晚，岳灵珊又送饭来，仍一眼也不向他瞧，一句话也不向他说，下崖之时，却大声唱起福建山歌来。令狐冲更加心如刀割，寻思："原来她是故意气我来着。"

第三日傍晚，岳灵珊又这般将饭篮在石上重重一放，转身便走，令狐冲再也忍耐不住，叫道："小师妹，留步，我有话跟你说。"岳灵珊转过身来，道："有话请说。"令狐冲见她脸上犹如罩了一层严霜，竟没半点笑意，喃喃地道："你……你……你……"岳灵珊道："我怎样？"令狐冲道："我……我……"他平时潇洒倜傥，口齿伶俐，但这时竟然一句话也说不出来。岳灵珊道："你没话说，我可要走了。"转身便行。

令狐冲大急，心想她这一去，要到明晚再来，今日不将话问明白了，这一晚心情煎熬，如何能挨得过去？何况瞧她这等神情，说不定明晚便不再来，甚至一个月不来也不出奇，情急之下，伸手便拉住她左手袖子。岳灵珊怒道："放手！"用力一挣，嗤的一声，登时将那衣袖扯了下来，露出雪白的大半条手膀。

岳灵珊又羞又急，只觉一条裸露的手膀无处安放，她虽是学武之人，于小节不如寻常闺女般拘谨，但突然间裸露了这一大段臂膀，却也狼狈不堪，叫道："你……大胆！"

……

岳灵珊道："师兄弟比剑，一个失手，又不是故意伤人，爹爹却偏袒六猴儿，狠狠骂了小林子一顿，又说小林子功力未到，不该学'有凤来仪'这等招数，不许我再教他练剑。好了，是你赢啦！可是……可是……我……我再也不来理你，永远永远不睬你！"这"永远永远不睬你"七字，原是平时她和令狐冲闹着玩时常说的言语，但以前说时，眼波流转，口角含笑，哪有半分"不睬你"之意？这一次却神色严峻，语气中也充满了当真割绝的决心。

资料来源：金庸. 笑傲江湖［M］. 广州：广州出版社，2013.

二、讨论要点

① 找出岳灵珊、令狐冲柔情蜜意时及感情生变后的语气变化和肢体语言。
② 举出5种肢体语言，并说明各自传达出何种信息。

三、基础知识

（一）麦拉宾法则

肢体语言作为非语言的沟通，往往会比说出来的文字更有力，更能充分表达沟通人的情绪。国际肢体语言专家阿尔伯特·麦拉宾有这样的研究结论：人在彼此表达交流中，一条信息产生的全部影响力有 7% 来自语言（仅指文字），38% 来自声音（包括语音、音调等），而 55% 来自无声的身体语言。

在生活中与人交流沟通时，即使不说话，也可以凭借对方的身体语言来探索他内心的秘密，对方也同样可以通过身体语言了解到我们的真实想法。人类的动作、表情是本能的，每个人平时说话都会不知不觉地做出某些表情动作。人们尚未正式开口说话，但交际活动已经开始，双方的眼神、表情、动作都在传递着信息。说话时对方不仅在听，还在看。

在沟通交流过程中，必须给这种无声的身体语言以应有的关注。如果在说话时能够恰到好处地运用身体语言，就能够使说话重点突出，使自己的表达更具有感情，形象生动，因而更富有吸引力和感染力，交际的效果会比单纯凭借有声语言好很多。很多时候，通过肢体语言可以解读人们的真正态度。

（二）常见肢体动作的含义

① 双臂交叉。将双臂交叉抱于胸前，是一种防御性的姿势，是防御来自眼前人的威胁感，使自己不产生恐惧。
② 在耳朵部位摩挲或轻揉耳朵。这种动作表示没有耐心再听下去。
③ 用手指轻触脖子。这种动作说明对于对方的说法持怀疑或不同意态度。
④ 用手指敲击桌子或脚敲击地板。这种动作表示觉得无聊或不耐烦。
⑤ 用手遮挡嘴部或轻触鼻子。这种动作表示很可能是想隐藏内心的真实想法。
⑥ 咬嘴唇。这种动作通常表示紧张、焦虑或尴尬。

（三）需要避免的动作

日常生活和应酬中，以下这些事不该做。

1. 在人前打呵欠

打哈欠给对方的感觉是：你对他不感兴趣，表现出很不耐烦了。即使非常疲倦，也不要打哈欠。如果控制不住打哈欠，一定要马上用手盖住你的嘴，跟着说"对不起"。

2. 在人前掏耳挖鼻

无论如何，都不可在人前掏耳挖鼻。这个不雅的举动往往令对方感到恶心和反感，而且还会让人感到你很傲慢、不懂礼貌。如果真的是痒得难以忍受，不妨暂时离开并表示歉意。这样既能解决自己的"难言之隐"，又不失礼仪。

3. 在他人面前抖动双腿

经常有人在坐着的时候，双腿犹如痉挛般地不停颤动，还会带动座椅摇动影响他人，让人反感。双腿颤动不停，不但令对方视觉上不舒服，也会给人以情绪不安定的感觉。

4. 拨弄头发

留着长发的人，在应酬时可能会不自觉地拨弄头发，但这种习惯会令人产生不受尊重的感觉。

5. 频繁使用手机

如果事务繁忙，不得不将手机带到交际场合，那么至少要做到将铃声降低甚至设为振动、静音，以免惊动他人。铃响时找安静、人少的地方接听，并控制自己说话的音量。如果在车里、餐桌上、会议室、电梯等地方通话，要尽量使谈话简短，以免干扰别人。

（四）交往中的距离

与人相处须把握好交往过程中彼此的空间距离、心理距离，要考虑到彼此间的关系、客观环境的因素，过近和过远都不可取。

最佳距离首先取决于交往的对象是谁。美国人类学家爱德华·霍尔在《无声的语言》中，制定了一个人际心理距离和空间距离相对应的尺度，用以下4个区域来表示。

① 亲密接触（0至45厘米）。交谈双方关系密切，身体的距离从直接接触到相距约45厘米之间。这种距离适于双方关系最为密切的场合，如夫妻和恋人之间。

② 个人距离（45至120厘米）。朋友、熟人或亲戚之间往来一般以这个距

离为宜。

③ 社交距离（120 至 360 厘米）。这个距离用于处理非个人事务的场合中，如进行一般社交活动，或者在办公、办理事情时。

④ 公众距离（360 至 750 厘米）。这个距离适用于非正式的聚会，如在公共场所看演出等。

四、延伸阅读

洪大业，都中人，妻朱氏，姿致颇佳，两相爱悦。后洪纳婢宝带为妾，貌远逊朱，而洪嬖之。朱不平，遂致反目。洪虽不敢公然宿妾所，然益嬖妾，疏朱。后徙居，与帛商狄姓为邻。狄妻恒娘，先过院谒朱。恒娘三十许，姿仅中人，言词轻倩。朱悦之。次日答拜，见其室亦有小妾，年二十许，甚娟好。邻居几半年，并不闻其诟谇一语；而狄独钟爱恒娘，副室则虚位而已。朱一日问恒娘曰："予向谓良人之爱妾，为其为妾也，每欲易妻之名呼作妾。今乃知不然。夫人何术？如可授，愿北面为弟子。"恒娘曰："嘻！子则自疏，而尤男子乎？朝夕而絮聒之，是为丛驱雀，其离滋甚耳！其归益纵之，即男子自来，勿纳也。一月后当再为子谋之。"

朱从其谋，益饰宝带，使从丈夫寝。洪一饮食，亦使宝带共之。洪时以周旋朱，朱拒之益力，于是共称朱氏贤。如是月余，朱往见恒娘，恒娘喜曰："得之矣！子归毁若妆，勿华服，勿脂泽，垢面敝履，杂家人操作。一月后，可复来。"朱从之。衣敝补衣，故为不洁清，而纺绩外无他问。洪怜之，使宝带分其劳；朱不受，辄叱去之。如是者一月，又往见恒娘。恒娘曰："孺子真可教也！后日为上巳节，欲招子踏春园。子当尽去敝衣，袍裤袜履，崭然一新，早过我。"朱曰："诺。"至日，揽镜细匀铅黄，一如恒娘教。妆竟，过恒娘，恒娘喜曰："可矣！"又代挽凤髻，光可鉴影。袍袖不合时制，拆其线，更作之；谓其履样拙，更于笥中出业履，共成之，讫，即令易着。临别，饮以酒，嘱曰："归去一见男子，即早闭户寝，渠来叩关，勿听也。三度呼，可一度纳。口索舌，手索足，皆吝之。半月后当复来。"朱归，炫妆见洪，洪上下凝睇之，欢笑异于平时。朱少话游览，便支颐作情态；日未昏，即起入房，阖扉眠矣。未几，洪果来款关，朱坚卧不起，洪始去。次夕复然。明日洪让之，朱曰："独眠习惯，不堪复扰。"日既西，洪入闱坐守之。灭烛登床，如调新妇，绸缪甚欢。更为次夜之约，朱不可；长与洪约，以三日为率。

半月许，复诣恒娘，恒娘阖门与语曰："从此可以擅专房矣。然子虽美，不媚也。子之姿，一媚可夺西施之宠，况下者乎！"于是试使睨，曰："非也！病在外眦。"试使笑，又曰："非也！病在左颐。"乃以秋波送娇，又嫣然瓠犀微露，使朱效之。凡数十作，始略得其仿佛。恒娘曰："子归矣，揽镜而娴习之，术无馀矣。至于床笫之间，随机而动之，因所好而投之，此非可以言传者也。"朱归，一如恒娘教。洪大悦，形神俱惑，惟恐见拒。日将暮，则相对调笑，跬步不离闺闼，日以为常，竟不能推之使去。朱益善遇宝带，每房中之宴，辄呼与共榻坐；而洪视宝带益丑，不终席，遣去之。朱赚夫人宝带房，扃闭之，洪终夜无所沾染。于是宝带恨洪，对人辄怨谤。洪益厌怒之，渐施鞭楚。宝带忿，不自修，拖敝垢履，头类蓬葆，更不复可言人矣。

恒娘一日谓朱曰："我术如何矣？"朱曰："道则至妙；然弟子能由之，而终不能知之也。纵之，何也？"曰："子不闻乎：人情厌故而喜新，重难而轻易？丈夫之爱妾，非必其美也，甘其所乍获，而幸其所难遘也。纵而饱之，则珍错亦厌，况藜羹乎！""毁之而复炫之，何也？"曰："置不留目，则似久别；忽睹艳妆，则如新至，譬贫人骤得粱肉，则视脱粟非味矣。而又不易与之，则彼故而我新，彼易而我难，此即子易妻为妾之法也。"朱大悦，遂为闺中密友。

资料来源：蒲松龄.聊斋志异［M］.北京：华夏出版社，1995.

（古人已充分注意到肢体语言的重要性。）

C7　关于帮助

一、讨论内容

鲁国之法，鲁人为人臣妾于诸侯，有能赎之者，取其金于府。子贡赎鲁人于诸侯，来而让，不取其金。孔子曰："赐失之矣。自今以往，鲁人不赎人矣。取其金则无损于行，不取其金则不复赎人矣。"

子路拯溺者，其人拜之以牛，子路受之。孔子曰："鲁人必拯溺者矣。"孔子见之以细，观化远也。

——摘自《吕氏春秋·察微》

译文：鲁国有一条法律，鲁国人在国外沦为奴隶，如果有人能把他们赎出来的，回国后就可以到国库中报销赎金。有一次，孔子的弟子子贡在国外赎回了一个鲁国人，回国后不接受国库赎金。孔子说："你做错了，从今以后，鲁国人就不再愿意为在外的同胞赎身了。你如果接受了国库赎金，并不会损害你的行为；而你不肯拿回你抵付的钱，别人就不肯再赎人了。"

又有一次，孔子的另一个弟子子路救起一名落水者，那人为了感谢他就送了他一头牛，子路收下了。孔子说："这下子鲁国人一定会勇于救落水者了。"夫子见微知著，洞察人情，实在是了不起。

二、讨论要点

① 你有过请别人帮助的经历吗？请谈谈别人的反应及自己的后续反应。

② 你有过帮助别人的经历吗？请谈谈受助者的反应及自己的感受。

③ 无论你现在有多忙，只要有人提出请求，不管这会给自己带来多少麻烦、不快和高昂的代价，不管自己内心多么不愿意，你都会帮忙吗？如果拒绝，你会内疚吗？

三、基础知识

（一）求助和助人

每个人都有需要帮助的时候和能帮助别人的时候。

由于个人能力的局限，互相帮助才能实现更大的价值。进化心理学家相信，人们帮助他人是因为根植于我们基因的因素；人际关系心理学家认为，互惠互利是人际交往的基本原则。互惠互利原则既包括物质方面的，也包括精神方面的。

受传统观念影响，人们在交往中更愿意谈人情，而忌讳谈功利。事实上，人和人之间的交往需求是多层次的，在交往中有时是为了满足物质需求，有时则是为了满足精神需求。换言之，人际交往的最基本动机，就在于希望从交往对象那里获取自己需求的精神上的或物质上的满足。因此，按照人际交往互惠的原则，良好交际应既重感情，也可以有功利的成分。

（二）请求帮助的方式

想请求帮助时，需要清晰明确地告诉对方，希望他们怎么做。如果只是请求对方不要做什么，那么或许会使对方感到疑惑，或者会引起对方的强烈反感。求助时，表达应力求准确。例如，当需要向对方借1 000元钱的时候，可以直接对他说："你能不能借给我一千元钱应急？"而不是"你能不能帮我一下？"

请求和强制有明显的区别。强制是要求对方必须这么做，否则就会受到惩罚。但请求则不同，它是一方希望另一方能够给予其某种帮助，而对方有拒绝的权力。因此，请求者在提出自己的请求后，应该给予对方时间考虑是否接受这个请求。无论别人答应还是拒绝，都要清楚背后的真实情况及原因，而不是听到别人答应就开心，别人拒绝就愤怒。

（三）帮助他人的方式

帮助别人是美德，但要注意不要由于助人而心怀优越感。给对方提供帮助，应该注意以下事项。

1. 不要故意向对方表示自己的帮助和显示自己的功劳

经常向别人表示自己助人的功劳，尤其是在对方面前提及，自然别人的心里就会有负担。

2. 帮助要做得自然

在别人有困难的时候，能够伸出援助之手是一种境界；在别人陷于困境的时候，能够悄无声息地予以全力帮助，小心地把自己的优越感掩藏起来，给受助者创造一个机会，而且巧妙得让对方竟然可以认为这种帮助是理所当然的，这是更高的思想境界。

3. 帮忙时要高高兴兴，不可心不甘情不愿

如果在帮忙的时候觉得很勉强，可以思考一下，这个忙要不要帮。如果帮，就要心甘情愿；如果心存不甘，不情不愿，即使帮了别人的忙也可能会造成双方的不愉快。

人际交往中，帮忙是互相的，也是真情的体现，且不可像做生意一样赤裸裸地以交换的态度进行，否则会让人兴味索然，彼此的友谊也维持不了多长时间。

在实际生活中，应尽可能地多帮助别人，替别人分担一些困难、解决难题，这样当自己需要别人帮忙时，别人自然也愿意相助。

四、延伸阅读

这日宝钗因来瞧黛玉，恰值岫烟也来瞧黛玉，二人在半路相遇。宝钗含笑唤他到跟前，二人同走至一块石壁后，宝钗笑问他："这天还冷的很，你怎么倒全换了夹的？"岫烟见问，低头不答。宝钗便知道又有了原故，因又笑问道："必定是这个月的月钱又没得。凤丫头如今也这样没心没计了。"岫烟道："他倒想着不错日子给，因姑妈打发人和我说，一个月用不了二两银子，叫我省一两给爹妈送出去，要使什么，横竖有二姐姐的东西，能着些儿搭着就使了。姐姐想，二姐姐也是个老实人，也不大留心，我使他的东西，他虽不说什么，他那些妈妈丫头，那一个是省事的，那一个是嘴里不尖的？我虽在那屋里，却不敢很使我们，过三天五天，我倒得拿出钱来给他们打酒买点心吃才好。因一月二两银子还不够使，如今又去了一两。前儿我悄悄的把绵衣服叫人当了几吊钱盘缠。"宝钗听了，愁眉叹道："偏梅家又合家在任上，后年才进来。若是在这里，琴儿过去了，好再商议你这事。离了这里就完了。如今不先定了他妹妹的事，也断不敢先娶亲的。如今倒是一件难事。再迟两年，又怕你熬煎出病来。等我和妈再商议，有人欺负你，你只管耐些烦儿，千万别自己熬煎出病来。不如把那一两银子明儿也越性给了他们，倒都歇心。你以后也不用白给那些人东西吃，他尖刺让他们去尖刺，很听不过了，各人走开。倘或短了什么，你别存那小家儿女气，只管找我去。并不是作亲后方如此，你一来时咱们就好的。便怕人闲话，你打发小丫头悄悄的和我说去就是了。"岫烟低头答应了。宝钗又指他裙上一个碧玉问道："这是谁给你的？"岫烟道："这是三姐姐给的。"宝钗点头笑道："他见人人皆有，独你一个没有，怕人笑话，故此送你一个。这

是他聪明细致之处。但还有一句话你也要知道,这些妆饰原出于大官富贵之家的小姐,你看我从头至脚可有这些富丽闲妆。然七八年之先,我也是这样来的,如今一时比不得一时了,所以我都自己该省的就省了。将来你这一到了我们家,这些没有用的东西,只怕还有一箱子。咱们如今比不得他们了,总要一色从实守分为主,不比他们才是。"岫烟笑道:"姐姐既这样说,我回去摘了就是了。"宝钗忙笑道:"你也太听说了。这是他好意送你,你不佩着,他岂不疑心。我不过是偶然提到这里,以后知道就是了。"岫烟忙又答应,又问:"姐姐此时那里去?"宝钗道:"我到潇湘馆去。你且回去把那当票叫丫头送来,我那里悄悄的取出来,晚上再悄悄的送给你去,早晚好穿,不然风扇了事大。但不知当在那里了?"岫烟道:"叫作'恒舒典',是鼓楼西大街的。"宝钗笑道:"这闹在一家去了。伙计们倘或知道了,好说'人没过来,衣裳先过来'了。"岫烟听说,便知是他家的本钱,也不觉红了脸一笑,二人走开。

……

忽见湘云走来,手里拿着一张当票,口内笑道:"这是个帐篇子?"黛玉瞧了,也不认得。地下婆子们都笑道:"这可是一件奇货,这个乖可不是白教人的。"宝钗忙一把接了,看时,就是岫烟才说的当票,忙折了起来。薛姨妈忙说:"那必定是那个妈妈的当票子失落了,回来急的他们找。那里得的?"湘云道:"什么是当票子?"众人都笑道:"真真是个呆子,连个当票子也不知道。"薛姨妈叹道:"怨不得他,真真是侯门千金,而且又小,那里知道这个?那里去有这个?便是家下人有这个,他如何得见?别笑他呆子,若给你们家的小姐们看了,也都成了呆子。"众婆子笑道:"林姑娘方才也不认得,别说姑娘们。此刻宝玉他倒是外头常走出去的,只怕也还没见过呢。"薛姨妈忙将原故讲明。湘云黛玉二人听了方笑道:"原来为此。人也太会想钱了,姨妈家的当铺也有这个不成?"众人笑道:"这又呆了。'天下老鸹一般黑',岂有两样的?"薛姨妈因又问是那里拾的?湘云方欲说时,宝钗忙说:"是一张死了没用的,不知那年勾了帐的,香菱拿着哄他们顽的。"薛姨妈听了此话是真,也就不问了。一时人来回:"那府里大奶奶过来请姨太太说话呢。"薛姨妈起身去了。

这里屋内无人时,宝钗方问湘云何处拾的。湘云笑道:"我见你令弟媳的丫头篆儿悄悄的递与莺儿。莺儿便随手夹在书里,只当我没看见。我等他们出去了,我偷着看,竟不认得。知道你们都在这里,所以拿来大家认认。"黛玉忙问:"怎么,他也当衣裳不成?既当了,怎么又给你去?"宝钗见问,不好隐瞒他两个,遂将方才之事都告诉了他二人。黛玉便说"兔死狐悲,物伤其类",

不免感叹起来。史湘云便动了气说："等我问着二姐姐去！我骂那起老婆子丫头一顿，给你们出气何如？"说着，便要走。宝钗忙一把拉住，笑道："你又发疯了，还不给我坐着呢。"黛玉笑道："你要是个男人，出去打一个报不平儿。你又充什么荆轲聂政，真真好笑。"湘云道："既不叫我问他去，明儿也把他接到咱们苑里一处住去，岂不好？"宝钗笑道："明日再商量。"说着，人报："三姑娘四姑娘来了。"三人听了，忙掩了口不提此事。

资料来源：曹雪芹，高鹗.红楼梦［M］.荣宪宾，孙艾琳，校注.北京：金盾出版社，2002.

（宝钗帮助邢岫烟，平等自然，体现了宝钗为人处世中的高情商。）

C8　关于拒绝

一、表演内容

刚进公司的时候，为了搞好同事关系，小罗表现得很积极，做事勤勤恳恳。每天上班他都早早地来到公司，拾掇台面，清扫办公室，还时不时帮同事们带早餐。每逢休息日值班，只要有人启齿，他都愿意帮忙代班，为此他变成了值班专业户。小罗成了大家公认的"大好人"。小罗的任务渐渐增多，感到有些力不从心，觉得自己太累了，甚至影响到了分内工作。他想拒绝一些跑腿的任务，可是没想到埋怨马上就来了："摆什么架子嘛？快去快去，我们等着用呢！"碍于情面，小罗只好继续跑腿的工作。

这样事情多了，难免出乱子。有一次组长差他去楼下拿快递，他实在无法拒绝，只好领命，谁料刚出公司大门就被经理碰上。经理问："你这是去哪儿啊？"小罗觉得说出实情的话，组长会被经理训斥，便谎称有病去买药。后来经理知道了事情真相，把小罗狠狠训了一顿，说他缺乏最起码的诚信。从此，经理对小罗印象变差，小罗在工作中越来越被边缘化，小罗感觉到在公司待着也不会有好的发展前景，只好辞职。

二、讨论要点

① 在生活中别人请求帮忙的事情，哪些是正当的应当援手相助的，哪些是过分的可以拒绝的，你分得清吗？请举例。

② 与5位舍友同居一室，一位舍友的钥匙丢了，请设想他将有哪些正当的求助和过分的求助做法？

三、基础知识

（一）当拒则拒

虽然热心助人是美德，但是在某些情况下，应当拒绝时必须拒绝。遇到不合理的、不正当的，超出我们能力范围的事情，拒绝当然无可避免。

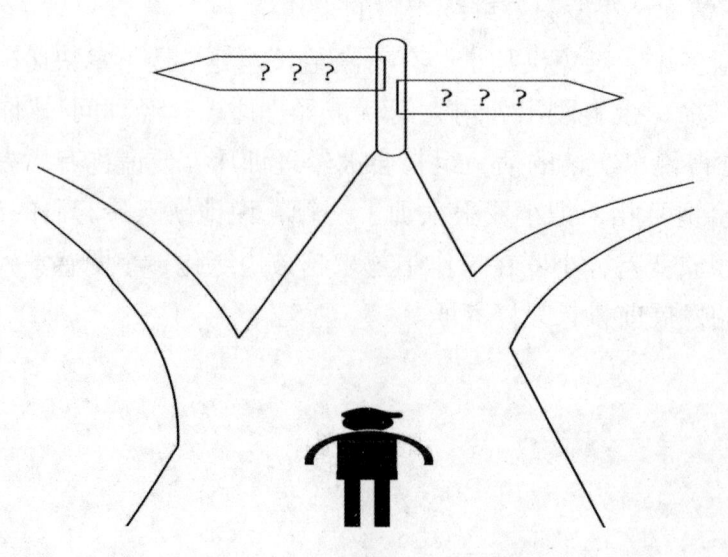

（二）拒绝的方法

① 在必要的时候，可以通过客气的方法拉开彼此的心理距离，一方面能够让自己的"不"更容易出口，一方面也能让对方不好意思将请求的话说出来。行事说话带点儿客气，不仅有利于拒绝，也显示了良好的修养。

② 直接拒绝虽然有效，但是这样做很可能会让人感到很难受，甚至会就此心生猜疑和埋怨。为此，就要学会在拒绝后面加上合情合理的解释，通过说明我们无可奈何的原因和不得已的苦衷，使对方明白我们的拒绝并非随意而为，绝对没有不尊重对方的意思。这样做能够让人感受到我们拒绝时的慎重态度。

③ 为自己的拒绝找到恰当的"挡箭牌"，如工作忙碌、时间不允许、身体状况欠佳等。例如，"我必须把作业赶出来，实在没时间帮你。"态度诚恳，理由真实，自然可以使对方放弃对你的期望。

④ 通过诉说困难拒绝。直截了当地说"不"过于生硬，很容易使对方尴尬、难堪、没面子，易影响双方的友谊。换成诉苦的方式，通过表现自己的柔软来拒绝，可以有效消除负面影响。如果能够运用诉苦的方式来拒绝对方，对方不会觉得没面子，反而容易产生理解。

⑤ 通过部分帮助的方式拒绝。如果不能满足对方所提出的要求，则可以帮助对方做力所能及的事情，以做补偿，如可以提供某些建议。假如对方走的是向我们求助这条路，而我们又觉得这条路实在行不通，那么不妨向对方提供另一条可行的道路。例如，"对于你说的这件事，我实在无能为力。不过我有另外一个建议，你不妨试试看。"

记住一个原则：别人有求于自己时，如果有力量完成最好，如果心有余而力不足，拒绝别人是很正当的。没有必要刻意讨好别人，更不必因为拒绝别人而感到亏欠对方什么。相反，必要的拒绝，反而是替对方节省了时间，帮助他尽快找到正确的解决方法。

⑥ 以沉默来应答。学会沉默，能够帮助拒绝很多事情。当遇到一些不愿牵扯进去的麻烦事，利用沉默来表达拒绝也是个不错的办法。

模块 D
校园生活技能

教育的总目标是帮助学生成为全面发展的人。在懂知识、懂技术的基础上，让大学生懂社会、懂为人、懂生活。要让大学生获得生活经验，获得为社会服务、发展智能等方面的经历，帮助大学生发展个性、掌握生活技能、开阔视野并培养社会责任感。生活技能教育有助于大学生有效应对生活中的挑战，化解生活中的危机，成就幸福人生。

D1 心肺复苏术

一、心肺复苏术

心肺复苏术（CPR）是对心跳、呼吸骤停者进行心脏按摩和人工呼吸的一系列急救。复苏进行越早，存活率越高。4分钟内复苏可能有一半人被救活；4至6分钟开始，10%的人可救活；超过6分钟后开始复苏存活率仅4%；10分钟以上，几乎无一人存活。这种突发事件一旦发生，不可能身边立即出现医务人员，要等医务人员到达后才开始抢救就错过了最佳抢救时间。

二、心肺复苏实施步骤

① 判断倒地者有无意识与反应，双手轻拍患者肩部，并在倒地者耳朵左右两侧高声呼喊："喂！XX，你怎么啦？"看其是否有反应（睁眼、说话、呻吟、手脚活动情况）。

② 如果倒地者无反应，需要俯身观察其胸部是否起伏来判断有无呼吸，判断时间为5至10秒。如果倒地者无反应且无呼吸或仅有濒死喘息，则为心脏骤停，应立即拨打急救电话120。如果现场只有一名抢救者，应高声呼救、

模块 D　校园生活技能

寻求旁人帮助并找周围人取得自动体外除颤器（AED）。

③ 如果患者是俯卧或侧卧位，应迅速跪在患者身体一侧，一手固定其颈部后部，另一手固定其一侧腋窝部或髋部，将患者整体翻动成为仰卧位，翻动时避免患者身体扭曲。应将患者仰卧在坚实的平面，而不是软床或沙发上，头部不得高于胸部，以免脑部血流减少而影响心肺复苏的效果。

④ 摆好体位后实施胸外心脏按压。胸外心脏按压是重建循环的重要方法，正确的操作可使心脏排血量约达到正常时的 1/4 到 1/3，从而保证身体最低限度的需要量。

按压部位：两乳头连线中点。

按压方法：两掌根重叠，手指上翘不接触胸壁，手臂无弯曲。

按压力度：成人胸骨下陷 5 至 6 厘米。

按压频率：至少 100 次/分钟。

109

在30次胸外按压后，给予2次人工呼吸。也可以不做人工呼吸，实施不间断的单纯胸外心脏按压。

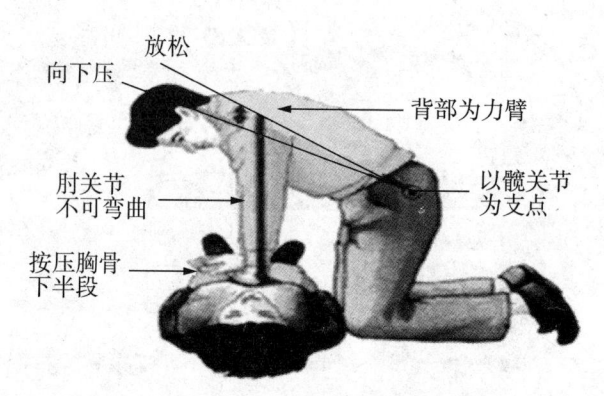

⑤ 如果取得自动体外除颤器，则按照自动体外除颤器的语言提示与图示进行操作。自动体外除颤器不会对患者造成伤害，可以自动分析心律，并在判断为室颤后自动充电。在确认没有人接触患者后，按下放电按钮。如果自动体外除颤仪分析患者并非室颤，就不会充电。

⑥ 除颤后继续进行心肺复苏，直到5个循环或约2分钟后，让自动体外除颤器再次分析心律（分析心律时需要停止按压）

⑦ 开放气道。第一次胸外按压30次后，清除口腔、鼻腔分泌物，取下义齿。跪在患者身体一侧，用一手放在患者前额向下压，同时另一手放在一侧下颌角处向上托起，使头部后仰，气道即可开放。

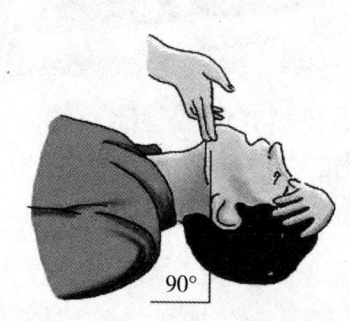

⑧ 人工呼吸。口对口吹气是一种快捷有效的人工通气方法。用压住前额的手捏紧患者双侧鼻孔，用口唇包紧伤者口唇，在保持气道通畅的操作下，平稳地向内吹气。吹气后，急救者口唇离开，并松开捏鼻子的手指，使气体呼出，同时侧转头呼吸新鲜空气再进行第二次吹气。如果吹气有效，伤者的胸部会膨起，并随气体呼出而下降。每次吹气时间1秒钟，成人通气频率为每分钟10至12次，婴儿和儿童每分钟12至20次。

⑨ 每进行 30 次胸外心脏按压就要吹气 2 次。反复重复操作，持续施救直到医护人员到达。如果患者恢复自主呼吸和心跳，则给予侧卧，密切观察，等待急救车到达。

D2　其他急救知识（一）

一、擦伤、刀割伤

① 如果伤口不大，出血不多，伤口也比较干净，先用清水或生理盐水冲洗受伤部位后，再用棉签蘸碘伏消毒伤口及周围皮肤，待干后用创可贴或无菌纱布覆盖包扎伤口；如果伤口微微红肿，可在伤处涂红霉素软膏或莫匹罗星软膏。

② 如果出现以下情况，应及时就医。
- 伤口出血呈喷射状，按压无法止血。
- 伤口处污染严重，污物难以去除。
- 伤口较深或已露出肌肉、脂肪组织。
- 自行处理的伤口出现不愈合或红肿热痛。

注意，不推荐使用酒精或碘酒消毒，会刺激伤口使之不利于愈合。

二、外伤出血

① 较小或较浅的伤口应先用洁净的自来水冲洗，但不要去除已凝结的血块。
② 伤口处有玻璃、小刀等异物插入时，千万不要拔出，应将伤口创缘两侧挤拢后用消毒纱布、绷带包扎及时送医。
③ 碰撞、击打的损伤出现皮下血肿、肿痛时，可在伤处覆盖无菌纱布或

干净毛巾，用冰袋冷敷 30 分钟后再加压包扎。伤势严重者应去医院。

三、扭伤

① 扭伤发生后 24 小时内，尽量做到每隔 1 小时用冰袋冷敷一次，每次 30 分钟，并将受伤部位垫高。

② 扭伤发生 24 小时之后，开始给患处热敷，以促进受伤部位的血液流通。如果经自我治疗后患处仍疼痛且行动不便，应及时就医。

四、骨折

（一）夹板固定

用木板附在患肢一侧，在木板和肢体之间垫上毛巾或衣物等松软物品，再用带子绑好，松紧度要适度。木板要长出骨折部位上下两个关节，做超关节的固定，这样才能彻底固定患肢。如果没有木板，可用树枝、雨伞、报纸卷等物品代替。

（二）止血包扎

皮肤有破口的开放性骨折由于出血严重，可用干净物，如毛巾压迫止血。

（三）转运伤者

单纯的颜面骨折、上肢骨折，在做好临时固定后可扶伤者离开现场。膝关节以下的下肢骨折，可背运伤员离开现场。

① 对于颈椎损伤者，一人托住枕部、下颌部，以维持颈部伤后位置，另两人分别托起腰背部、臀部及下肢。

② 对于胸腰椎骨折者，一人托住头颈部，另两人分别于同侧托住胸腰及臀部，另一人托住双下肢，以维持脊柱伤后位置。

③ 对于髋部及大腿骨折者，一人双手托住腰及臀部，伤员用双臂抱住救护者的肩背部；另一人双手托住伤员的双下肢。

④ 对于伤者途中搬运，在车上宜平卧。如果病人昏迷，应将其头偏向一侧，以免呕吐物误吸入气管。

五、晒伤

① 夏天外出，应做好防晒工作，如涂防晒霜、穿防晒衣、撑遮阳伞等。

② 晒伤后最快速有效的办法是冰敷。其方法是：先用冷水冲洗晒伤处，然后用毛巾裹冰块敷在晒伤部位，直到皮肤感觉舒服为止。

③ 如果晒伤严重，出现比较大的水泡，则千万不要挑破，应及时就医以避免感染。

六、猫、狗咬伤

被猫、狗咬伤后，千万不要随意处置伤口，应按以下步骤处理。

① 用清水和肥皂水反复交替冲洗15分钟以上（千万不能用嘴将伤口内的血吸出，这样很容易通过口腔黏膜感染狂犬病病毒）。

② 冲洗完毕后可用碘伏或医用酒精等消毒液涂擦伤口。尽量将伤口敞开，不要缝合、包扎和涂抹药膏等。

③ 及时到附近的社区卫生服务中心规范处理伤口并全程接种疫苗。

④ 狂犬病疫苗接种没有禁忌。如果被咬伤抓伤，只要皮肤有破损，就一定要及时接种疫苗。

七、蜂蛰伤

① 被蜂蛰伤后要立即取出伤口内的蜂针（蜜蜂蛰伤人后会有蜂针残留在伤口，马蜂蛰伤人后没有蜂针残留）。

② 用大量清水清洗伤口，一般要反复揉搓冲洗伤口20分钟，使用洗手液之类的洗涤剂效果更好。

③ 可用冰块敷在蛰伤处，以减轻蛰伤部位的疼痛和肿胀。

④ 蜂毒的一些成分可以使人过敏，表现为蛰伤部位皮肤红肿、痒或严重的全身过敏。出现严重过敏时应及时送往医院治疗。

蜜蜂
honeybee

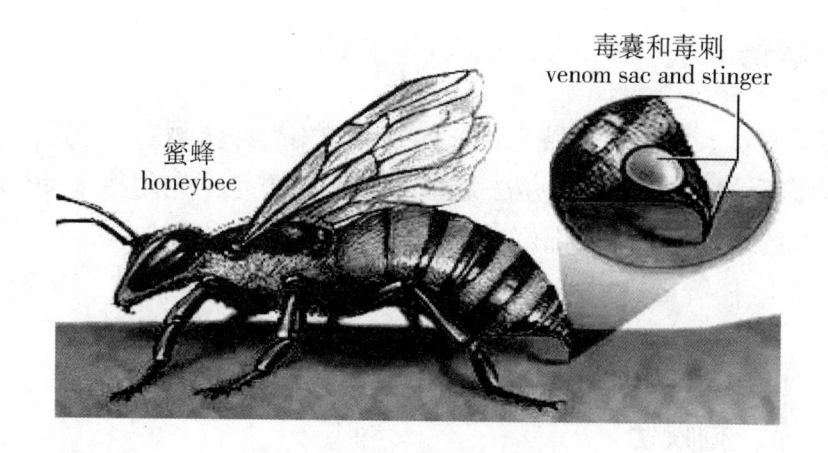

毒囊和毒刺
venom sac and stinger

八、气道异物

气道异物是常见的一种意外伤害。气道异物大都是食物，其中最多的是花生仁，还有果冻、瓜子、豆子、糖块等，还有一些小用具，如玻璃球、纽扣电池、钥匙、钉子等。

针对气道异物梗阻采取的急救方法称为海姆立克急救法。此法是通过冲击上腹部而使膈肌瞬间突然抬高，肺内压力骤然升高，造成人工咳嗽，从而迫使肺内空气形成一股气流。这股有冲击性、方向性的气流直接进入气道，将气道、喉部异物排出，从而解决气道梗阻，使人获救。

海姆立克急救法的实施手法如下。

（一）适用于1岁以上儿童及成人的操作手法

① 抢救者站在患者背后，用两手环绕患者的腰部。
② 一手握拳，将拳头的拇指一侧放在病人胸廓上或肚脐上的腹部。
③ 用另一手抓住拳头，快速向上重击压迫患者的腹部。
④ 重复以上手法直至异物排出。

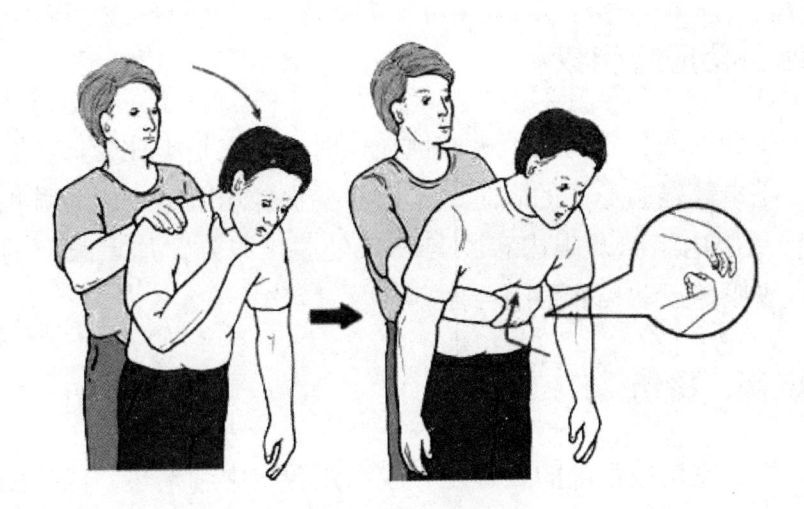

（二）适用于1岁以下婴幼儿的操作手法

① 马上抱起婴儿，托住婴儿的下颌，然后抢救者前臂靠在膝盖或大腿上，另一只手拍婴儿的后背。

② 在婴儿的肩胛骨之间拍5次，并观察婴儿是否将异物吐出。

③ 5次拍背后，如果异物未排出，将婴儿翻转过来，脸朝上托着婴儿的前臂靠在大腿上，用2指在胸骨下半部分进行5次按压。重复操作，直至异物排出。

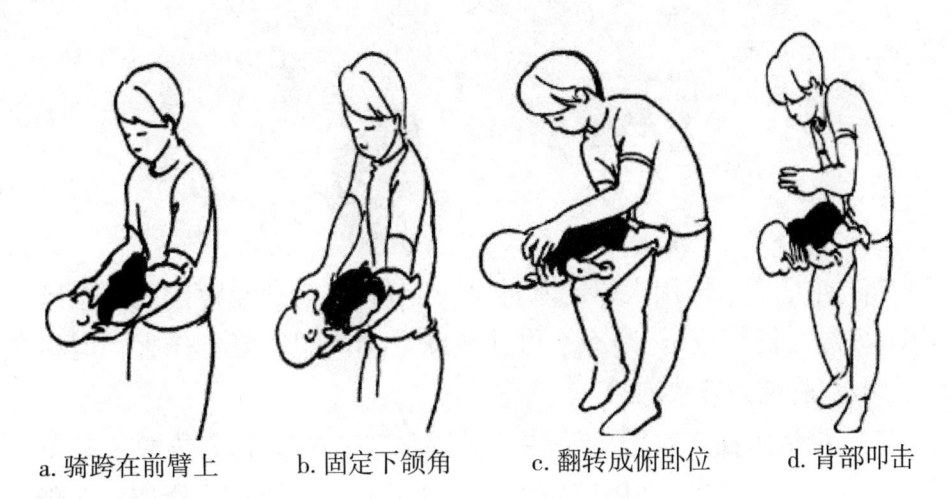

a. 骑跨在前臂上　　b. 固定下颌角　　c. 翻转成俯卧位　　d. 背部叩击

（三）自救方法

① 用力咳嗽。先吸一口气，然后用足力气咳嗽，有时可以将异物从气道咳出。

② 腹部手拳冲击法。用右手拇指关节突出点顶住上腹部，相当于剑突与肚脐之间腹中线位置。左手紧握右手，然后用力向内做4至6次连续快速冲击。

九、眼外伤应急自救

当眼睛受到挫伤、异物伤等机械性损伤时，首先是护住受伤的眼球，用干净的纱布、毛巾等轻遮受伤的眼睛，千万不要再揉压眼睛，因为哪怕是很小的压力都会导致眼内组织及眼内容物自伤口处脱出眼外，加重眼部的损害；其次，尽量减少眼球运动，双眼闭合休息并及时就医。

十、烧伤、烫伤

普通烧伤、烫伤最正确的处理是：脱离热源，中和余热，保护创面，及时就医。其口诀是：冲、脱、泡、盖、送。

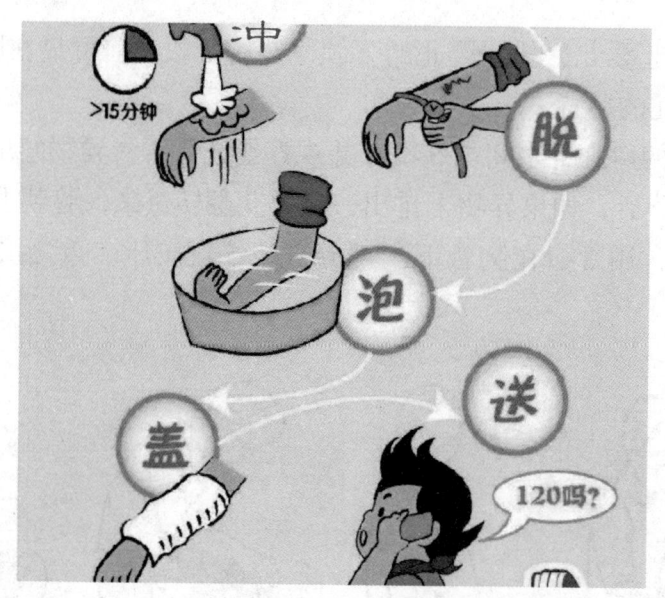

① 冲。冲是指立即用大量冷水冲洗15分钟左右或至疼痛明显缓解（千万不要用冰块敷受伤部位）。冲冷水可让皮肤立即降温，降低伤害。但要注意水流量的大小，避免冲破水泡。

② 脱。脱是指在冷水浸泡下快速去除沾染衣物，脱离热源，避免持续损伤。如果不便脱去，应立即用剪刀剪开；如果是肢体烧伤或烫伤，在降温的同时一定要把戒指、手镯、脚环之类的配饰取下来，避免肢体肿胀后可能造成压迫性坏死。

③ 泡。泡是指用大量冷水浸泡或用冷水持续冲洗，以减轻疼痛，或者用湿的冷毛巾、纱布垫等湿敷创面。如果创面有污物，要尽量将创面冲洗干净。

④ 盖。盖是指用清洁布料覆盖保护创面并加以固定，有水泡者不要弄破，

也不要将水泡皮撕去，以减少创面受污染的机会。

⑤ 送。送是指要将患者就近送到有烧伤病房或烧伤治疗技术的医院治疗。

> **注意**
>
> 千万不要随意在烫伤创面涂抹任何东西，尤其是严禁涂抹牙膏、酱油、黄酱、碱面、草木灰等。这些东西不但不能治疗烧伤烫伤，还会导致感染。

D3　其他急救知识（二）

一、溺水

发现溺水者，将溺水者从水中救出后，要立即采取以下急救措施。

① 溺水者清醒，有呼吸有脉搏。急救措施是：拨打 120，为溺水者保暖，等待救援或送往医院观察。

② 溺水者昏迷（呼叫无反应），有呼吸有脉搏。急救措施是：拨打 120，清理口鼻异物，稳定侧卧，等待救援人员。密切观察溺水者的呼吸、脉搏情况，必要时做心肺复苏。

③ 溺水者昏迷，无呼吸有脉搏。急救措施是：患者喉痉挛、无呼吸，脉搏微弱或濒临停止，此时仅给予开放气道、人工呼吸，可使脉搏心跳迅速增强；恢复呼吸后可呈侧卧位，等待救援人员到来。

④ 溺水者昏迷，无呼吸无脉搏。急救措施是：立即实施心肺复苏，进行胸外按压，开放气道，做人工呼吸——同时拨打 120，并持续至溺水者呼吸脉搏恢复或急救人员到达。

> **注意**
>
> 将溺水者从水中救出后，不要控水，控水的过程易导致胃内容物排出，增加误吸的风险，并且对于溺水心脏骤停者，控水会造成心肺复苏延迟，错过抢救的最佳时间。

溺水后自救方法如下。

① 不要慌张，发现周围有人时立即呼救。

② 放松全身，让身体浮在水面上，将头部浮出水面，用脚踢水，防止体力丧失，等待救援。

③ 身体下沉时可将手掌向下压。

④ 如果在水中突然抽筋，离岸边近的话可以上岸坐在池边，将抽筋的腿伸直，一手抓住脚趾向身体方向拉，一手向下按压膝盖，使腿后部肌肉伸展，即可缓解。缓解后不要急于下水。

⑤ 如果离岸边较远，先深吸一口气，身体仰浮，用抽筋腿对侧的手抓住脚趾向身体方向拉，用另一手向下压膝盖，使腿后部肌肉伸展，缓解后上岸继续按摩牵拉并休息。

二、中暑

中暑常发生在高温、湿度大和无风的环境中。

中暑者的症状是：皮肤潮红、皮肤干燥、烦躁不安或昏迷、头痛头晕或不适、呕吐、心律不齐、体温超过40℃。

中暑后的施救措施如下。

① 迅速到阴凉处降温。要迅速把中暑者转移到阴凉处解开衣扣，用冷水、风扇降温，并及时补充电解质，如口服补液盐、淡盐水或运动饮料，同时拨打120，等待救护车到达。

② 中暑昏迷者不要掐人中。对中暑昏迷者掐人中毫无急救作用。简单来讲，掐人中是个危险动作，可能导致失去意识的伤者呼吸道更不通畅，所以有潜在风险。

③ 不推荐喝藿香正气水。首先藿香正气水的说明书中并未提到能够治疗

中暑；其次，其不良反应与禁忌症尚不明确，不推荐首选；最重要的是藿香正气水含 40% 至 50% 酒精，服用后可能加重脱水，让中暑带来的伤害更严重。

三、误服强酸、强碱性毒物的急救

① 首先千万不要催吐，否则会给消化道造成二次损伤。

② 如果是误服洁厕灵等碱性很强的毒物，应立即喝醋、柠檬汁、橘子汁等来弱化碱性。

③ 如果是误服酸性很强的毒物，如浓盐酸等消毒液等，应尽快口服苏打水、肥皂水来中和酸性。做基本处理后尽快送医院进行救治。

四、癫痫发作

① 保护患者，避免受伤；疏散旁观者，保证患者周边有一定的空间，移开可能危及患者的物体，如尖锐器具等。

② 用柔软的物品，如衣服等垫在患者头下，以免患者的头砸地。

③ 记录发作持续时间，给医生提供参考。

④ 一旦发作停止，立即检查患者的生命体征，如果患者有自主呼吸，要尽快将患者置于稳定的侧卧位；如果患者呼吸停止，要立即进行心肺复苏。

⑤ 如果抽搐超过 5 分钟不缓解或反复抽搐，应拨打 120。

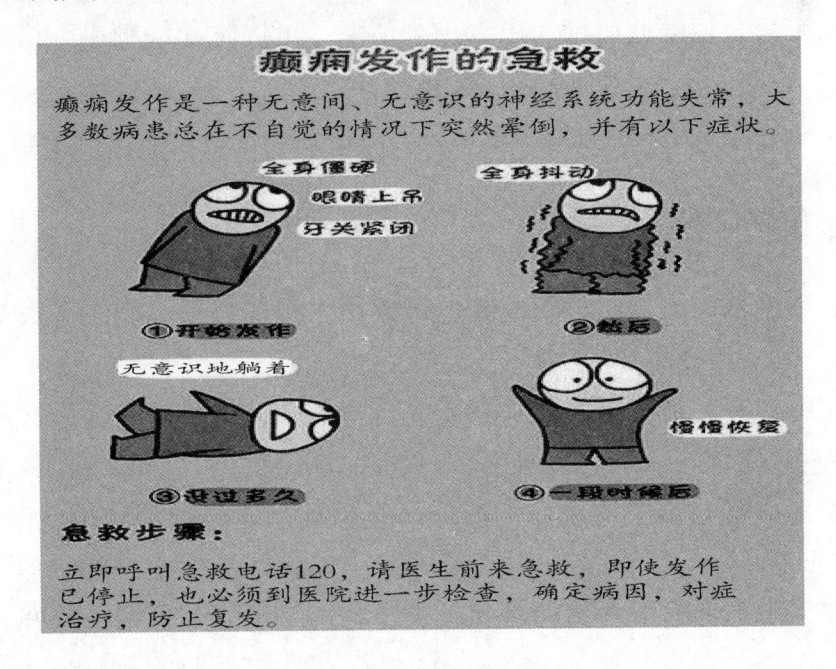

癫痫发作的急救

癫痫发作是一种无意间、无意识的神经系统功能失常，大多数病患总在不自觉的情况下突然晕倒，并有以下症状。

① 开始发作：全身僵硬、眼睛上吊、牙关紧闭

② 然后：全身抖动

③ 过没多久：无意识地躺着

④ 一段时候后：慢慢恢复

急救步骤：

立即呼叫急救电话120，请医生前来急救，即使发作已停止，也必须到医院进一步检查，确定病因，对症治疗，防止复发。

抢救癫痫患者的错误方式有以下几种。

① 掐人中。掐人中不仅无法终止抽搐，还有可能带来额外伤害，如压伤。

② 往癫痫发作患者的嘴里塞东西。癫痫发作时强大的咬肌闭合有可能导致患者咬断塞入的物品，而断裂的物品容易引起窒息，从而后果非常严重。因此，如果没有专业的急救人员在场，不要往患者嘴里放任何东西。

③ 按压癫痫发作患者的肢体。抽搐时，千万不要用力按压患者的肢体，以免造成骨折或扭伤。

五、鼻出血

① 流血时切勿用力仰头，仰头非但止不住鼻血，反而会导致鼻血被吸入口腔和呼吸道。

② 身体微微前倾，并用手指捏住鼻梁下方的软骨部位，持续5至15分钟。

③ 如果有条件的话，放一个小冰袋在鼻梁上可迅速止血。

④ 如果鼻血持续流20分钟以上依旧止不住，应立即送至医院治疗。如果流鼻血的次数过于频繁且毫无原因，或者伴有头疼、耳鸣、视力下降及眩晕等其他症状，也应去医院诊治。

六、低血糖

① 如果只是轻度低血糖，患者神志清醒，可以吃几块糖果、饼干，或者喝杯糖水，以达到迅速升高血糖的效果。

② 如果经以上方法没有效果或病人神志不清，应立即送医院急救。

七、食物中毒

① 对中毒不久而且明显呕吐者，可以用手指、筷子等刺激舌根部的方法催吐。

② 让中毒者大量饮用温开水并反复自行催吐，之后可以适量饮用牛奶以保护胃黏膜。

③ 如果在呕吐物中发现血性液体，应想到可能出现消化道或咽部出血，此时应停止催吐。

④ 如果中毒者吃下食物的时间较长（超过2小时）且精神较好，可采用

服用泻药的方式，促使有毒食物排出体外。

⑤ 在紧急处理后，应马上送中毒者到医院治疗。同时，注意尽量保留导致中毒的食物，以便医生确定中毒物质。

八、指甲受挫

① 指甲被挤掉时，先把挤掉指甲的手指用纱布包扎固定，再用冰袋冷敷，然后把伤指抬高，立即去医院。

② 如果引起甲床下出血，而血液未流出，使甲床根部疼痛隆起、疼痛难忍，应尽快到医院请医生将积血排出。

九、手指切断

① 立即将伤指上举，然后用干净纱布包扎伤口。如果有大血管出血，可用止血带止血，但要在止血带上标明止血时间。

② 将断指用无菌纱布包好，放在干净的塑料袋中，以干燥冷藏的方式保存。除非断指污染特别严重，一般不要自己冲洗或用任何液体浸泡，而要立即去医院救治。

十、煤气中毒

① 发现有煤气泄漏时，应立即关闭煤气阀门，开窗透气。抢救者在进入溢满煤气的房间前，应先吸足一口气，然后用湿毛巾或手帕捂住口鼻，以防中毒。

② 在煤气没散尽前，不要开灯、打电话或使用明火，以免引发爆炸。

③ 将中毒者移到通风的地方，松开中毒者的衣领、裤带，观察其意识、心跳和呼吸情况。如果已无呼吸、心跳，应立即进行胸外按压和人工呼吸并拨打急救电话。

十一、异物入耳

异物入耳多指小虫误入耳道，少数是因为游泳或玩耍时异物进入耳道。如果为小虫入耳，耳道内会有跳动、爬行感。

① 小虫飞入耳道时，应马上到暗处，用手电照有虫子的耳道，利用飞虫

的趋光性将其引出。

② 可以用食用油滴入耳道2至3滴,过2至3分钟,把头歪向患侧,小虫会随油淌出。

③ 耳道进水时,将头侧向患侧,用手将耳朵往下拉,然后用同侧脚在地上跳数下,水很快可以流出。

④ 避免用尖锐的物品挖掏耳内异物,以免造成耳内黏膜和鼓膜的损伤。异物进入耳道多天或疼痛较重时,应及时就医。

十二、触电

(一)迅速脱离电源

① 就近关闭电源开关,拔出插销或保险,切断电源。
② 用带有绝缘柄的利器断开电源线。
③ 找不到开关或插头时,可用干燥的木棒、竹竿等绝缘体将电线拨开,使触电者脱离电源。

(二)现场救护

① 如果触电者呼吸、心跳均未停止,此时应让触电者就地平躺,安静休息,不要让触电者走动,以减轻心脏负担,并严密观察触电者的呼吸和心跳变化,及时送医院检查。
② 如果触电者呼吸心跳停止,应立即实施心肺复苏并拨打120。

D4　大学生防身术

一、防身术的概念

防身术是中国武术中用于个人自我防卫的一种技术。防身术是集拳击、武术、散打、自由搏击、泰拳、截拳道、摔跤、跆拳道、擒拿格斗等防身武技动作于一体，在人身安全受到各种非法暴力侵害时，运用手、脚、膝、肘等或就地取材进行防卫和攻击的一种以制服对方、保护自己为目的的专门技术。防身术练习没有性别之分。

防身术招法奇妙，本质上是中华武术的精华。它把武术中各种适合实战使用的招法分离出来，经过摘编、加工、提炼、创造和完善，使其成为一种散招，并具备简单、实用、易记及易学的特点。防身术是一门综合性较强的斗智、斗勇、斗力的搏击格斗技术，与学习应用其他各门派武功一样，不拘泥于一招一式的格局和定式。它是在汲取了中国传统武术中的格斗技巧及擒拿术的精华基础上，融合而成的一种以弱胜强、以小制大、以巧取胜的自卫术。它不仅可以培养人们果断、沉着、勇敢、机智的心理素质，而且还可以提高爆发力、反应力、身体的协调性及各器官、系统的功能。因此，防身术属于武术范畴，但不同于武术与散打，而是汲取了它们的精华。防身术也是学校体育的一个重要组成部分。

作为一种专门的自我防卫技术，在现代社会法制日益健全的发展趋势下，法律给了它必要的限定和实施前提——我国《刑法》对正当防卫做出了明确的规定。《刑法》第二十条第一款规定："为了使国家、公共利益、本人，或者他人的人身、财产和其他权益免受正在进行的不法侵害，而采取的制止不法侵害的行为，对不法侵害人造成损害的，属于正当防卫，不负刑事责任。"因此，在防身术的概念中，应该而且必须涉及法律的限定。

二、防身术的特点

(一)实用性强，易见成效

防身术的实用性强，既能健身又能防身，经常练习不仅能够提高身体的各项素质，增强身体机能，同时能够运用防卫技术方法来抗击暴徒对自身的侵害，有效地保护自己。

(二)动作精练，简单易学

防身术动作简单精练，一招一式都有一定的用途和目的，讲究实效；不受场地的限制，在练习过程中大多是单人或两人的对练，且徒手练习较多。

(三)手法多变，攻防兼备

在实际的格斗中，要根据暴徒的身体姿势、站立位置及其动作变换来决定自己所应运用的防身技巧。只有防守动作没有进攻动作，在实际的格斗中是永远处于被动地位的；只有进攻动作没有防守动作，一旦进攻动作有所失误，便会让敌人乘虚而入，造成伤害。因此，防身术既要有主动的进攻动作，又要兼顾被动时的防守动作。

(四)击打要害，一招制胜

人的主要要害部位有：太阳穴和耳根穴、头部、颈部、腹腔、软肋、裆部等。例如，击打太阳穴会使人感到头晕、昏迷，重者会造成脑震荡。击打要害是一招制胜的先决条件，没有击打要害，一招制胜就不太可能了。在实际格斗中，不像武术散打比赛，有禁打部位的约束、竞赛规则的限制等，这是由与暴徒格斗的性质、目的决定的。在暴徒突然或有预谋地向我们攻击时，本身就带有不法侵害的性质，这种矛盾关系类似你死我活。我们在预防犯罪侵害时，使用防身术是一种正当防卫，是法律赋予公民的权利和义务。

三、大学生防身术的意义

当前，随着社会经济的不断发展，人们的生活水平也得到了巨大改善，然而一些社会不和谐的现象也日益显现出来，其中社会安全问题较为突出，成为我国乃至全球的一大问题。据有关专业人士统计，近年来我国刑事犯罪率呈逐年增长态势。当然，犯罪案件是多种多样的，经统计分析，其中许多案例是因为被害人在遇到突发事件时缺乏社会经验或是遇到危险时没有自卫防身技能，错失了自救或寻求救助的最佳时机，从而造成了难以预料和无法承受的后果。

根据对受害者的调查显示，较高比例的受害者是在校大学生。究其原因，是因为大学生的社会阅历浅和生活经验少，并且缺少监护人的看护，在自我保护和安全意识上存在明显不足，对自卫防身知识极为缺乏，导致他们在遇到危险和遭受非法攻击时无法应对。因此，加强大学生的自卫安全教育，提高他们的安全意识，掌握一些自卫防身或逃生的知识和技术对他们来说是十分必要的，只有这样才能做到防患于未然。

（一）高校安全教育的需要

虽然近些年来我国一直为构建和谐社会而努力，但现实生活中总有一些不和谐的情况发生。随着我国经济的高速发展，人民生活水平不断提高，法制体系也日趋健全，但仍有不完美的地方。总有一些人铤而走险，触碰法律的底线，造成一系列的社会治安甚至暴力犯罪事件的发生。即使在高校，一些人对人身和财产造成损害的案件也时有发生。尽管教育部对学校安全教育方面提出了要"普及安全知识，增强学生的安全意识和法制观念，提高防范能力"的要求，但有些学校对安全教育的重视仍有不足。安全教育只局限于每年的一两次活动，往往只进行一些安全教育基本知识讲解，或者在发生事故后进行一些基本教育以引起大学生警惕——主要通过说服、告诫等手段，提醒大学生规避危险。这样的教育只能使大学生回避潜在的危险，而对于危险迫近、无法回避的局面并不能主动采取有效的防卫措施，避免或不受伤害。虽然有些高校开设了类似于自卫防身术的体育选修课，如武术、散打、跆拳道、拳击等，但是仅仅依靠这些项目来自卫防身是不够的。自卫防身应结合中国武术和心理学的基本原理及中国大学生的身心特点，所学知识和技能应与校园及社会生活密切联系，通过理论讲述、案例分析和实战训练，确保遭袭击者"一招制胜"、顺利逃离；格斗技术应与生活中有可能碰到的危机情景相结合，动作的实用性要强，要有利于学生身心健康的发展。因此，大学生要学习实用的防身术，而不是单单学习武术、格斗等。只有学习了自卫防身术，才能最大限度地达到自我防卫的目的。

（二）高校大学生对防身术的现实需要

进入 21 世纪以来，我国高等教育体系得到了迅速发展，高校打破了传统的办学和管理模式，逐步走向了社会。但一些不和谐因素也随之而来。虽然犯罪分子针对大学生的犯罪行为不是每个大学生都会遇到的，但是如果能未雨绸缪、防患于未然，掌握一些实用有效的防身技能，在一旦遭遇歹徒实施的侵害时，就可以运用防身术迅速摆脱歹徒的进一步侵害，甚至达到一招制敌的目的。据调查，在高校校园中一些不符合道德规范的行为和危险暴力事件时有发生，大学生缺乏应有的安全感，所以自我保护的意愿十分强烈。由此可见，大学生学习防身术有利于提高大学生应对风险的意识和抗暴能力，提升他们的安全系数。而且，根据调查，大多数大学生对学习防身术都是感兴趣的，这种技术方法对他们很重要，与他们切身的利益密切相关。因此，大学生学习防身术既满足了他们的兴趣，又满足了他们的需要。

（三）能够满足大学生身心发展的需要

防身术最直接的效果就是使大学生的身体素质得到全面发展和提高。练习防身术是增强大学生心肺功能的有效途径，运动会使血管扩张，心脏射血进入器官的阻力减小，心脏负担减轻，心肌增强、增厚，心脏容积、重量增加，心肌收缩更有力。防身术的力量练习集中在臂部、手部、腿部和腰腹部。随着力量练习的深入，不仅促进了大学生的身体健康，还使得其体格健壮。防身术的练习贯穿着各种能力的进步和拓展，在提高力量、柔韧性等素质的同时，也促进协调能力的发展，反过来协调能力也直接影响力量、速度、柔韧性、平衡等素质的提高。

通过防身术练习，不仅可以使大学生掌握自卫防身的基本技术、基本战术，提高身体的灵活性和反应能力，经过长期训练还可以形成一定的技能，具备防身和自卫的能力。防身术既能有效地磨炼学生身心、增强体质，还能大幅度提高学生的自卫防身心理能力，具有很强的防身、抗暴、惩恶等社会实用价值。防身术能促进大学生胆量的增大、信心的增强，使其克服胆怯和畏惧，培养其临危不惧的品质，有效提高其应变能力，以及独立思维、分析、判断等能力。通过防身术练习还能给大学生勇气、力量、自信和满足，锻炼其坚强的意志力。

（四）社会见义勇为的需要

有调查机构进行了一次问卷调查，在回答"当公共场所有歹徒向群众行凶时，你有何种反应？"的问题时，只有11%的同学选择挺身而出，敢于向罪恶分子做斗争。这固然与每个人的思想觉悟有关，但其实这与当代大学生没有接受防卫技能训练，没有攻防格斗的实践经验有直接关系。好比我们要求一个不会游泳的人下水救人一样，确实勉为其难。大学生通过学习防身术可以为见义勇为提供技术支持和保障，对弘扬社会正气、减少犯罪都大有好处。

综上所述，防卫功能是体育的功能之一，学习一些防卫技能，不仅是个人的兴趣和安全的需要，而且也是社会和法律的要求。在校大学生如果能掌握好攻防格斗的基本技能，就能有效地增强与犯罪分子斗争的勇气和信心。那么，这对社会上的一些不法分子也是一种极大的威慑，对弘扬社会正气、减少犯罪都有益处。因此，大学生学习防身术是十分必要的，是非常有意义的。

D5 大学生防身术的方法和应用

一、大学生防身术的基本技术

（一）手法

大学生防身术的手法是指运用一定的手型、活动规律，变化出一些技术、技巧动作，如挡、抓、格等技术方法。

1. 直拳

拳法是防身术中一种非常重要的技术。在运用拳法时，动作要求拳必须握紧，动作发力要求短促迅猛，完成出击动作后要迅速撤回，避免动作拖沓，以防被对方握住手腕或手臂受制于人。

直拳是指从出拳到被击目标，沿直线运动的一种击打方法。直拳一般用于进攻或有意识退却时破坏对方动作。

直拳的动作要领是：由弓步双抱拳开始，拳出腰际，小臂向内旋转，拳心向下，以直拳面击打。此动作主要用于击打对方胸、面、肋等部位。

2. 摆拳

摆拳是指从左向右或从右向左循弧线打出的击拳方式，适用于近距离搏斗时击打对方的头部或者左右腮。

做摆拳动作时，手臂弯曲，举平，右手摆左边，左手摆右边，目的是攻击对方的两腮。右摆拳时，格斗式站立，后脚蹬地，猛转腰髋，带动右臂摆出，拳心向下，弧度不可过大，以免影响速度；左摆拳时，格斗式站立，后脚蹬地，猛转腰髋，带动左臂摆出，同样拳心向下。

摆拳的优势在于拳走弧线，出拳方位隐蔽、快速，可以对对方进行侧面进攻。使用摆拳时，可以通过滑步和身体的配合从侧面攻击对手，从而给对方造成伤害。

摆拳的动作要领是：由弓步双抱拳开始，拳出腰际，臂由体测向前摆出，拳心向外，以拳面击打对方，主要目标是击打太阳穴等部位。

3. 勾拳

勾拳是一种弧线由下向上击打的击拳方式，是一种适用于近距离攻击的拳法。比起直拳、摆拳等放长远击的拳法，勾拳在动作结构和击打技术上相对复杂，但打击威力并不亚于后手直拳和摆拳。

使用勾拳时，要注意使肘部保持一定的曲角度，应避免伸臂再屈勾，由于勾拳的力量来源于脚掌蹬地、转髋、转体，应以体转推动肘部之力而打出勾拳。

勾拳的优势是，即使被对方逼至死角，空间限制不方便施展直拳和摆拳，也可以灵活地利用勾拳的出拳方式。勾拳的攻击范围广泛，可以用于击打对方的耳门、面部、下颌、后脑、胸腹、两肋、裆部等。

勾拳的动作要领是：由弓步抱拳开始，拳出腰际，屈肘、腕，拳心向内，由下向上，以拳面击打，主要用于攻击对方下颌、腹腔等部位。

4. 砸拳

砸拳是臂上举，而后屈臂下砸，力达拳背的出拳动作。

砸拳的优点是发力凶猛、动作迅疾、大劈大挂、松放自如、气力合一、动作流畅精辟、招数刁钻多变、攻防迅疾。

砸拳的动作要领是：由弓步双抱拳开始，臂上举，拳心朝上，由上向下，以拳背击打，主要针对对方的头部和面部进行攻击。

5. 劈臂

做劈臂动作时，两拳交叉于腹前，左拳在里，右拳在外，两臂上举，分拳向两侧直臂平劈，拳眼朝上，以拳、小臂劈击头、肩等部位，对对方造成伤害。

6. 架挡

架挡是指左右臂上举屈肘，以小臂内侧由下向上架挡对方直摆拳。这是防身术中的防御动作。

7. 格挡

做格挡动作时，臂上举屈肘，以小臂内侧由右格挡对方直、摆、勾拳，用于防止对手直、摆、勾拳的击打。这是防身术中的防御动作。

8. 搂手

搂手是指以八字掌前挡，并横向后抓、拉对手之直、摆拳及插、戳等手腕，用于防止对手掌、掌的击打，并可趁机向对方进攻。

9. 拧拉

拧拉是指抓握住对手手臂内拧、后拉，为向对手进攻创造条件。

（二）步法

步型是练习和运用防身术技术动作时两脚站立的形状与位置；步法是在步型的基础上，两脚前后、左右、进退活动的方法。

1. 弓步

弓步俗称"前腿弓，后腿蹬"，具体动作为：前腿屈膝前弓，大腿接近水平或斜向地面，膝盖不超过脚尖；后腿自然蹬直，脚跟外展，脚尖斜向前方约45°（陈式弓步后腿膝关节微屈）；两脚横向距离约为10至30厘米；弓腿为实，蹬腿为虚。两腿分担体重的虚实比例是：前腿承担7/10，后腿承担约3/10，即俗称"前七后三"。正如拳论所说："实非全然站煞，实中有虚；虚非全然无力，虚中有实。"左脚在前称左弓步，右脚在前称右弓步。从方向讲，分正向弓步和斜向弓步（也叫斜式弓步）。前者由前上步形成，后者则侧开步形成。

做弓步动作时应注意：前腿屈弓，避免两腿接近直立。后蹬脚脚跟保持蹬转自如，后腿弯曲适度，避免出现"掀脚""拔跟"现象。另外，两脚距离不宜过窄，甚至踩在一条直线上，或者前后交叉绕步，造成"走钢丝""扭麻花"，身体歪扭、摇晃。

弓步的动作要领是：两脚前后分开，重心下降；前腿弓，膝盖不超过脚尖；后腿绷直，脚尖微向外摆；全脚掌着地，左脚在前为左弓步，右脚在前为右弓步；双手抱拳或叉腰。

2. 马步

马步的全称叫"拒马步"，最初是步兵手持长枪抵抗骑兵冲击的战术步伐，分低中高三种站法，以保证前后三根长枪能同时刺出，后来流传到民间，民间便有了练马步的传统。大多数中华武术流派的主要训练方式都有马步，是历史上战争的原因造成的。

民间有"入门先站三年桩""要学打，先扎马"的说法。马步桩双脚分开略宽于肩，采用半蹲姿态，因姿势有如骑马一般，而且如桩柱般稳固，因而得名。练习蹲马步，可以强筋补气，调节精气神，而且下盘稳固，提升平衡能力，不仅不易被人打倒，还能提升身体的反应能力。

马步的动作要领是：两脚分开略宽于肩，脚尖内扣，屈膝下蹲，重量落于两腿，双手抱拳或叉腰。

3. 仆步

做仆步动作时两腿左右分开，两脚距离约脚长的四至五倍，一腿屈膝全蹲，膝部与脚尖外展；另一腿侧向伸直，脚尖内扣全脚掌着地。两脚全脚着地。左腿伸直为左仆步，右腿伸直为右仆步。

4. 虚步

虚步的动作要领是：双腿一前一后，微屈膝，重心移到后腿上，前腿虚设，脚尖点地，稍向内摆，双手抱拳。

5. 丁字步

做丁字步时，两脚并步站立，两腿紧靠；一脚尖正对前方，另一脚尖正对侧方；正对侧方一脚跟靠于另一脚的1/2处，两脚成"丁"字形，因此称为丁字步。做此动作时，上体应挺胸立腰，保持身形挺拔。左脚尖对侧方者，称"左丁字步"；右脚尖对侧方者，称"右丁字步"。

（三）腿法

腿法是防身术技术动作中主要的一种技击方法。俗话说"手是两扇门，全靠腿打人"，熟练掌握有效的腿法并加以运用，是学习和使用防身术的关键。

1. 前踢腿

做前踢腿动作时，应由立正姿势开始，双手叉腰，一腿支撑，一腿脚尖勾紧由下向前上方的前额部踢起。此动作主要用于踢对手下颌、手腕等。

2. 弹踢腿

做弹踢腿动作时，应由立正姿势开始，双手叉腰，一腿脚尖绷直，大腿抬平，以大腿带动小腿由下向前上弹踢。此动作主要用于弹踢对手裆部。

3. 里合腿

做此动作时，应由立正姿势开始，一腿支撑，一腿脚尖上钩，脚面外展，由下向同侧抬起，再向前上里合下落。里合腿主要用于攻击对手的太阳穴和颈部。

4. 外摆腿

做此动作时，应由立正姿势开始，一腿支撑，一腿脚尖勾紧，由下向异侧抬起，再向上（用脚背外侧击）同时外摆下落。外摆腿主要用于对对手的太阳穴和颈部进行攻击。

5. 侧蹬腿

做此动作时，应由立正姿势开始，一腿支撑，一腿屈膝脚尖勾紧，大腿向上横抬，由内向外，伸膝平蹬。侧蹬腿主要用于蹬对手膝、腰、胸等部位。

二、大学生防身术的实际应用

（一）遭遇背后扼颈时

脚跟、膝盖、手肘等关节部位都是我们身体自带的"武器"。如果我方被对方从背后抱住颈部或脚部时，不要慌张，此时要根据站位判断对方双脚的位置。例如，对方双腿是叉开站立，我方应用脚跟向后上方用力后踢，就会有很大概率踢中对方裆部，使对方因疼痛而暂时停止侵害或行动迟缓。

水平后踢一般可踢中对方小腿部位，如能踢中稍下方的踝骨更佳。脚背是人的共同弱点之一，如果对方双脚离自己很近，可以尽全力猛踩对方脚背。

如果以上方法均未奏效，应及时调整战术，用后脑部位用力撞击敌人面部，用肘关节攻击对方腹部，然后再尝试脚后跟攻击。击中之后也不要停止，要提防对方反扑。摆脱对方的钳制后应继续实施有效的攻击。

脚跟攻击主要是作为摆脱敌人的方法使用的，奏效后应继续下一步行动。

（二）遭遇别臂按头时

当被对方别臂按头时，可用后脑部撞击敌人面部，如若不成，可挺腹后摆，用臀部反复撞击对方腹部，使其双臂松弛，然后使用脚跟踢踹。多重攻击方式应灵活组合运用，切忌单一僵化，以防被对方提防钳制。

（三）遭遇扼喉时

如果遭遇对方骑压在腹部上，尚未被卡住颈部，此时可以采用抓敌人裆部等方法。

如果被对方双手扼喉，应把自己的双手插入对方双手里侧，把胳膊向里挤至肘关节处，然后用力外撑。双手插入时尽量手指伸展，不要握拳。

如果对方极力防止你双手插入，身体必然前倾，此时应看准机会用额头撞击敌人面部。敌人受到攻击力气松懈时，趁机把对方掀翻并迅速实施反击。

如果被对方从背后扼喉，应先把喉结部位转到对方肘内侧拐弯处，防止窒息。然后迅速转入反击。首先用脚跟踢踹敌人，然后使用肘击、抓裆等方法，根据情况灵活应对。

对对方而言，从后方攻击与对手距离太紧密，也会同时限制对方的动作。因此，遭到背后攻击时，应反过来充分利用这一点，使用一切可以使用的手段。

搏斗过程中，可以根据对方的特征有针对性地行动。例如，对方的头发和领带都可以成为被利用的弱点——撕扯头发给对方带来疼痛，或者拉扯领带的一段造成对方窒息等。如果有机会抓住对方的耳朵，也要使劲拧扯，人的耳朵非常容易撕裂，所以敌人会忍受不住突然的疼痛而被拉倒；如果抓住领带下拉，必将迫使对方头部前倾，此时可以拳击敌人耳后部。对手倒下后也不要掉以轻心，要用脚尖向敌人肋骨或侧腹再补上一脚。

（四）遭遇骑压时

如果此时双方身体平行，可利用膝关节猛顶对方的肋骨。击打时应尽可能拉大膝关节和对方身体之间的距离，然后垂直回摆顶撞对方肋骨部位。此方法尤其适用于与对方体格或体力相差悬殊时。抓住对方吃痛的时机，迅速将其掀翻，然后用脚跟猛踩敌人头部，并迅速逃离报警。

如果上半身能活动，可以用五指毫不留情地抓挠敌人面部。非常时期用非常手段，反击时出手一定要果决，不要瞻前顾后。

用掌底攻击鼻梁也很有效，照准对方鼻梁和上唇之间用力一击，便能把对方掀下去，进而制服对手。

如果双手同时被压住，应抓住瞬间机会，抓住对方裆部并用力握，不要轻易松手，防止对方突然反击。用手指抓抠比用手掌握威力更大。

被对方压在下方时，最主要的是要充分运用自己可以活动的部位，在攻击敌人的同时掀翻对方，并迅速转入反击，否则待对方反应过来后会再度陷入被动。

只要不能确定对方在相当长时间内已丧失战斗力，就随时会有遭到对方反击的危险，因此反击成功后不要放松警惕，需要给对手狠狠再来一下，将其击昏。

（五）遭遇持刀歹徒时

当徒手面对疯狂的持刀歹徒时，千万不要空手去与歹徒打斗，最明智的方法是立刻逃跑。

如果不能立即逃脱，就要充分利用身边能够利用的工具，如木棍。如果木棍较长，可以刺打结合，打击对方；如果棍子较短，便在防守中尽可能地击打对方持刀的手腕。当对方把刀收回身边时，如能准确估算距离，可以脚踢对方持刀手腕。

完全徒手时，唯一的战术是充分运用双脚。例如，刀冲上身刺来，应一边后退，一边用灵活的一只脚踢对方手腕。此时对方胳膊伸得越长，我方攻击效果就越大。应争取将匕首踢飞或踢伤对方手腕，或者踢中对方的肘关节，也能击落敌人手中的武器。

歹徒持刀时一般会专注于使用的武器，这时赤手空拳的我方应充分利用腿长的优势，踢蹬对方小腹。尤其是当对方疏忽大意或刺空身体失去平衡时，是出击的最佳时机。

帆布或外衣之类的东西也会对防守提供极大帮助。将其充分展开可以干扰对方视线，掩盖我方的攻击意图，踢中对方的概率便会提高。但应注意，不能把外套不恰当地挥向对方面部，因为重复几次就很可能被对方拉过去。

沙土、石头都是室外遇险时值得利用的物品。如果是石头或砖头之类的东西，可以用来威胁对方，如仅有一块就不要轻易掷出，否则一击不中会造成情绪波动从而影响继续格斗，易陷于被动地位。重要的是瞅准时机，慎重出击。

皮带也是可以充分利用的工具。快速解下皮带并让金属扣在前，划小圆快速旋转，威胁对方。如果能在金属扣上反复穿行几下，形成一个疙瘩，便会威力大增。攻击目标仍然是敌人的手腕，劲用在小臂上，挥动速度要快，打得干脆利落。挥动幅度不宜过大，否则动作过大一旦击空来不及收回时，会有中刀的危险。因此，挥动幅度应小一些，成横8字，在敌人刺来时打击敌人。与敌对峙时不要轻易出击，因为容易被躲过或被抓住。

（六）被对方抓住头发时

首先，从进攻一方讲起，也就是从伸手揪对方的头发开始，一旦抓住就要抓紧，并向前拉，迅速用手掌外侧砍击对方脖子，同时用膝盖顶撞其面部，然后推开已晕头转向的对方。用掌后部直揪头发摔倒法是：迅速抓住头发，尔后再抓住对方的一只手腕，拉发使之旋转倒地，猛击其面部。这样大致就已决出胜负了。

另一种方法是，当对方的头发比较长时，把头发缠在手里，向对方右手外侧扭转。动作要快，转到斜后方或背后以后，将对方拉倒，此时双手用上全身的重量，紧握拳头，猛击其面部。

从防卫上讲，如果被揪住头发时，用脚反击最有效，可用脚尖踢对方的膝关节。如果对方松手，再踢其裆部。注意，此时自己也在对方的攻击范围内。如果对方松开头发，而伸过来的双手还没有收回时，抓住机会用力踢其腋窝。这样胜负便基本定局，甚至可能造成对方肩脱臼。如果对方揪住我方头发想向后转，就向其反方向挺进，此时可以尝试用头撞击对方。

如果双方距离极其接近时，攻击目标应是裆部。可以紧紧抱住对方的腰，顶撞或紧抠裆部，即使对方瘫软了，也不要松手，待对方倒地之后，迅速甩开对方并逃离求救。

如果头发长的人从背后遭到袭击，被揪住头发摔倒在地时，应注意要保护后脑，要上半身挺起，下半身着地。然后迅速弄清对方的位置，紧接着跳起，脚踢对方面部。

（七）被对方揪住衣服时

用双手揪对方的上衣，能够充分地运用柔道的摔倒技术。将对方一下子拉进，不让对方起脚，使对方身体悬空，用膝盖猛顶裆部，能够给对方造成毁灭性的打击。要对付这一招，不能抓住伸过来的胳膊，应抓住其手腕，向上踢对方腋窝便可，也可以使用肘击、踢裆，不让对方发挥技术。

对于上身过于前倾的对方，按住头之后，把其上衣拉上来蒙住其头部。此时在很短时间内，对方完全处于无防备状态，可以自由攻击头部和腹部，如同打沙袋一般。

防卫方法是在被蒙住头之前，向外猛推对方上身，或者给对方来个抱膝摔。

接近格斗时，如果能抓住袖口，突然往身边拉，可以不让对方的拳头发挥作用。

从防卫的角度上讲，如果察觉对方意图，应进行反击，用手掌外侧砍击对方抓着衣袖的手腕，便肯定会松开。如果被对方突然揪住前襟，就应把自己的双手插入对方的两臂间，猛向上撞，同时踢裆。

短距离踢踹对方的裆部，便可轻易摆脱。因为对方把注意力集中在抓你上身，而忽略了下身的防卫。如果双膝顶在一起，应用双膝不断顶撞对方，此时攻击整个下腹比攻击裆部更有效。

如果鞋子较硬，可以从内侧踢踝关节或胫骨。不要做预备动作，而要在原来的位置上突然出击。

（八）被对方扭臂时

与对方扭成一团时，有效的进攻防身术是寻找机会，反扭对方胳膊关节等。目标应是肘关节以下，手腕关节比较容易控制，一手抓关节，一手抓手腕，对方便无法摆脱。

如果抓住对方手腕，用左手抓住手腕使劲向上提，并设法拧扭对方的肩。从后方抓紧对方的肩和手腕，用抓肩的手扭对方的肘，同时向上拧手腕，接着向下按住对方的肩，完成双夹腕。

下压对方肩部。如果对方企图反抗，就加大力量，超过一定限度对肩部就会脱臼，所以对方的挣扎是有限度的。

相反，如果遇到此类攻击时，应尽全力不让对方反剪自己的胳膊，在坚持的同时应寻找机会踩对方的脚背或抓住对方的头发，拳击其面部。如果胳膊已被反剪，便失去了反抗的机会。因此，对防身术而言，在训练中提升反应速度，在应用时快速应对，果断迅捷是克敌制胜的关键。

D6　运动处方的制定与应用

一、运动处方的原理

（一）运动处方的概念和特点

运动处方是指针对个人的身体状况而采用的一种科学的、定量化的体育锻炼方法。这种方法以处方的形式规定锻炼的内容和运动量，故得此名。它的特点是因人而异，对"症"下"药"，可以避免由于不合理的运动而损害身体，更好地达到健身和防治疾病的目的；可以吸引更多的人参加体育锻炼，促进体育锻炼的普及和科学化。

（二）运动处方的原理

人体在运动时，体内会发生各种变化，如脉搏和呼吸频率加快、血压升高、体温上升等。这种在运动中和运动刚结束时发生的变化，称为一时性适应，表明通过运动使身体产热过程已经开始，身体功能已经动员起来。一时性适应的多次重复，可产生持续性适应。持续性适应也因运动方法不同而有所差异。例如，反复进行强烈的力量运动，会使肌肉变粗，肌肉力量增强。而反复进行长跑，则可能增强心肺系统和血液循环系统的功能，使更多的氧被摄入人体内。

但是，并不是重复进行任何运动都可以引起持续性适应，收到训练效果。运动强度过小或时间过短，则不会引起适应，或者即使引起适应，也很小；如果重复间隔时间过长，也不会收到效果。相反，如果运动强度过大，超过身体能够适应的界限，也会使身体陷入危险状态。为了能收到更好的训练效果，在确定运动强度和运动时间时，要注意安排好适宜的运动负荷。

二、运动处方的内容

（一）运动项目

运动项目主要根据运动者所要达到的目的而设定。一般健身或改善心血管及代谢功能、预防冠心病、肥胖症等，可以练习耐力性（有氧训练）项目，如快步走、慢跑、自行车、游泳、爬山及原地跑、跳绳、上下楼梯等；改善心情、消除身体疲劳或防治高血压和神经衰弱等，可选择运动负荷较小的放松性练习，如太极拳、散步、放松操或保健按摩等；针对某些疾病进行专门性的治疗，必须选择有关疾病的医疗体操，如慢性支气管炎、肺气肿患者就应做专门的呼吸体操，内脏下垂者应做腹肌锻炼，脊柱畸形、扁平足者应做矫正体操等。

（二）运动强度

运动强度对运动效果与安全有直接的影响，掌握适宜的运动强度是执行运动处方的主要措施之一。反映运动强度的生理指标通常采用测定心率，在运动处方中应规定运动中应达到而不应超过的心率指标，其标准应根据锻炼者的实际情况而有所不同。大学生的运动强度可分为三级：较大（150 至 160 次/分钟）、较小（125 至 135 次/分钟）、小（110 次/分钟）。运动时常用计脉搏跳动的次数来掌握运动强度，即测 10 秒脉搏次数，再乘以 6，为 1 分钟脉搏次数。

（三）每次运动的持续时间

耐力性运动（有氧练习）可进行 15 分钟至 1 小时的练习，其中达到适宜心率的时间应该在 10 分钟以上；医疗体操持续的时间视具体情况而定。运动中应常有短暂的休息；计算运动负荷时要注意运动的密度，并扣除休息的时间。运动强度和运动持续时间决定其运动负荷，运动负荷确定后，运动强度大时练习持续时间可相应缩短。采用同样的运动负荷时，大学生中体质好的群体宜选择大强度、持续时间短的练习，体弱者应选择强度小而持续时间较长的练习。

（四）运动次数

最好每天都安排锻炼，这样可调剂每天的生活节奏。也可以安排每周三四次练习，即隔日锻炼一次。不论采用哪种方式，都应该注意的是，当负荷量较大时，休息间隔要长一些，反之则可以短一些。总之，以上次锻炼的疲劳消除后，再进行下一次锻炼为宜。

三、制定运动处方的原则和程序

（一）制定运动处方的原则

为了保证运动处方的安全性和有效性，提高锻炼效果，达到增进健康与防病治病的目的，在制定运动处方时应遵循以下基本原则。

1. 安全有效性原则

制定运动处方，首先必须考虑的是安全，其次是锻炼的有效性。保证安全除了解病史、家庭史和医学检查外，必须达到改善心血管和呼吸功能的有效强度。其上限是安全范围，下限是有效范围。

运动处方主要由运动种类、运动强度、运动时间和运动次数四要素组成。身体条件差的人（体弱、慢性病患者）受运动条件的限制多一些，制定运动处方时必须严格规定运动内容。反之，身体条件好的人，自由度比较大，运动内容也广泛得多。例如，身体健康的大学生从跑步到具有激烈对抗性的球类项目，所有的运动形式都可以是运动处方的内容。

2. 区别对待原则

由于每个人的基本情况和身体条件不尽相同，所以不可能有适应各种情况和不同人群的运动处方。如果中老年和年轻人用同一种运动处方，中老年人很可能完成不了，甚至会出现一些危险；而对年轻人来说，则可能锻炼效果不明显，起不到运动处方的作用。因此，制定的运动处方内容必须根据每个人的具体情况，因人而异，区别对待。

3. 动态调整原则

一般书刊杂志上介绍的运动处方是一种原则性的介绍，应该说有一定的适应面，但并非所有的人都适应。即使是运动医学专家根据检查结果制定的运动处方，也不是适合于一个人的任何情况的。对于初定的运动处方，要经过运动实践和多次调整后，才能成为符合自身条件的有效运动处方。

（二）制定运动处方的程序

运动处方是按照健康诊断和体力测定、制定运动处方、实施体育锻炼的程序来制定的。

1. 健康诊断和体力测定

运动处方是在充分考虑人的健康状况的基础之上制定的。因此，制定运动处方前，首先要对实施体育锻炼的人进行系统的健康诊断，以便放心地参与运动。如果有病，应先治病，或者按治疗性运动处方进行体育锻炼。这时要与运动处方医生或指导老师密切合作，然后进一步做心肺功能测定，以了解自己的体力水平。目前，多采用12分钟跑的方法来测定心肺功能。然后根据各项检查结果，结合性别、年龄和运动经历制定运动处方。

2. 制定运动处方

运动处方的内容包括：制定目标，选择运动项目；确定运动强度；确定运动时间。

（1）制定目标，选择运动项目

对于健康的大学生，最好选择球类、健美、武术、田径、游泳等运动项目。另外，选择运动项目时，要从实际出发，讲究实效，尽量考虑运动项目的锻炼价值。同时，还要考虑季节气候，因时因地制宜。

（2）确定运动强度

运动强度对运动效果和人体运动安全有直接影响。运动强度的确定，是制定和执行运动处方的关键。运动强度常用心率作为定量化的指标，也可以用跑速作为强度的指标。体育锻炼者确定运动强度时应注意：以健身为目标的耐力性运动，通常采用中等强度；体质健壮、运动基础好的大学生，运动强度可稍大；放松性活动一般采用小强度。肢体功能锻炼和矫正体操的运动强度及运动量应依肌肉疲劳程度而定，不用心率来判断。

（3）确定运动时间

一般运动时间控制在15至20分钟为宜。运动时间和运动强度共同决定运动量。运动量确定后运动强度大时，持续时间则较短；反之，则较长。确定运动频率（每周锻炼的次数），与运动效果密切相关。对体育锻炼者来说，每周安排三次锻炼就可以了。运动实践表明，以增进健康、保持体力为目标的体育锻炼，结合个人学习、生活的情况，每周安排3至5次锻炼为好，更重要的是养成锻炼的好习惯。

3. 实施体育锻炼

在实施过程中，允许根据当时的主客观情况，对原定的处方做微小或部分调整，使之更加切合实际。体育锻炼中，应随时了解身体变化情况，掌握信息反馈，不断修改运动处方，以便进一步提高体育锻炼的效果。

四、运动处方的应用

（一）运动处方的格式

运动处方可根据不同需要制定不同的格式。但在运动处方中（见表 D.1），必须同时指出禁止参加的运动项目、锻炼时的自我监督指标及出现异常情况时停止运动的准则等。在制定运动处方时，要特别注意安全，必须严格遵守循序渐进、区别对待的原则，同时还要加强医务监督。

表 D.1 运动处方

（正面）

姓名：　　　　　性别：　　　　年龄：
健康状况
功能检查
项目（任选一项）　　20次/30秒蹲起　　30次/30秒下蹲　　功率自行车等
哈佛台阶试验
结果：
锻炼内容：
锻炼时最高心率（次/分）：　　　　每周运动次数：
每次锻炼持续时间：
注意事项：　　　　禁忌运动项目：
复查日期：　　　　自我监督项目：
指导医师或教练员签名：　　　　　年　　月　　日

（背面）

日期	运动情况	身体反应情况

锻炼者签名：

（二）个人锻炼计划

一个完整的锻炼计划包括锻炼的目的、内容、方法、时间等。大学生在制定个人锻炼计划时应该注意锻炼内容、次数、时间的合理搭配。

1. 锻炼内容的合理搭配

在锻炼计划中选配锻炼内容时，应注意以下几点。

① 注意把课外锻炼的内容和体育课的学习内容结合起来。注意复习、巩固和提高体育课所学的内容。

② 注意把个人兴趣与实际需要相结合。既要发展提高自己有兴趣的或擅长的项目，又要努力克服自己的弱项和不足。

③ 注意不同身体素质之间及身体素质练习与其他活动的有机结合。在一般情况下，每次锻炼应安排一项活动性游戏（或球类活动），再配以一两项身体素质练习为好。

2. 周锻炼计划

（1）周锻炼次数和时间的安排

大学生在制订锻炼计划时，一般应以一年或一学期为锻炼周期，以此来确定每周早操、课外活动的锻炼次数及每次锻炼的时间，如表 D.2 所示。

表 D.2　体育锻炼周次数时间（小时）计划

分类 时期	无体育课时				有体育课时			
	早操		课外活动		早操		课外活动	
	周次数/次	时间/小时	周次数/次	时间/小时	周次数/次	时间/小时	周次数/次	时间/小时
春秋学期	3~5	0.5	2~3	1.5	3~5	0.5	3~4	1
夏冬考试期			2~3	1			2~3	1
暑寒假			3~4	2			3~4	2

（2）周锻炼内容安排

这种方法简便易行，很适合大学生掌握实施。现以一年级某男生为例，该生以全面发展身体和复习、巩固体育课内容为目标，其周锻炼计划表如表 D.3 所示。

表 D.3　周锻炼计划

内容 星期	早操	课外活动	备注
一	晨跑 1 200 米，一般体操练习		

（续表）

内容 星期	早　操	课外活动	备　注
二		耐力跑 2 000 米，球类活动 20 分钟，引体向上或腰腹力量练习	
三	晨跑 1 200 米，一般体操练习		
四	晨跑 1 200 米，一般体操练习		
五		30 至 50 米反复跑 3 至 5 次，立定跳远或跨跳练习，复习体育课内容，球类活动 20 分钟	
六	晨跑 1 200 米，一般体操练习		
日	野外活动或球类活动		

> **注意**
>
> 表 D.3 中各项内容均应有一定的强度、量和时间要求，具体因人、因时、因地酌定，并注意课外体育活动时间尽量不要安排在有体育课的当天进行。

D7　运动损伤的预防与处理

目前，由于社会飞速发展，已经有越来越多的人开始认识到自己身体的重要性，加入到体育锻炼行列中来。他们也逐渐地了解到体育锻炼不仅能够有效地增强人的身体素质，提高自身协调性，而且是提高生命质量的一个好办法。但是，由于现在还有很多人不能够正确地对待体育锻炼，追求盲目、自主，忽视体育锻炼内在的规律，因此导致在运动过程中出现了一些运动损伤。在这里所谓的运动损伤即指在运动过程中发生的损伤。

这些运动损伤与人们参与的体育项目、技术动作的特点是有着密切关系的。尤其是大学生，身体素质比较薄弱，想改善身体素质状况，于是积极参与到体育锻炼中来。但是，由于自身对体育运动的认识不够、技术动作不正确等原因，极易导致在运动中出现各种运动损伤，甚至在体育课上出现受伤、致残等情况，给大学的体育课带来了一些负面的影响，也会影响到学生们的终生体育意识。本节对运动损伤的发生原因、发病症状、处理办法、预防措施和康复时间进行了较详细的阐述，有利于改善运动条件，改进体育教学方法，提高教学效果，使体育锻炼能达到促进身心健康的效果，并使大学体育教学更好地发挥应有的作用。

一、运动损伤的分类

运动损伤的分类较多，常用的有以下几种。

① 按损伤组织的种类分，如肌肉肌腱损伤、滑囊损伤、关节囊和韧带损伤、骨折、关节脱位、内脏损伤、脑震荡、神经损伤等。

② 按损伤的轻重程度分，伤后不丧失工作能力的为轻伤；伤后丧失工作能力 24 小时以上，需要相关治疗的为中度伤；伤后不仅丧失工作能力，还需要住院恢复的为重伤。但是这种分类只适合用于学校、机关等开展群众体育活动中的损伤。

③ 按有无创口与外界相通分，伤部皮肤或黏膜破裂，创口与外界相通，有组织液渗出和血液从创口流出，称为开放性损伤，如擦伤、刺伤等；伤部皮肤或黏膜完整，无创口与外界相通，损伤后的出血积聚在组织内，称为闭合性损伤，如关节韧带拉伤、肌肉拉伤等。

④ 按发病的缓急分，瞬间遭受直接或间接暴力而造成的称为急性损伤，其表是发病急、时间短、症状加剧；因局部长期负担过度，由反复细微损伤积累而成的称为慢性损伤，其表现在是发病时间长、症状逐渐加重、病程较长。

二、运动损伤产生的原因

运动损伤产生的原因有很多，但是归纳起来主要有由以下两个方面。

（一）直接原因

1. 在运动过程中对运动损伤的认识不够充分，思想上不重视

在运动过程中出现运动损伤常常是因为大学生对运动损伤的认识不足或思想上麻痹大意，缺乏安全防范意识等情况导致的。他们平时不注重安全教育，忽略体育在增进人健康的同时可能会由于锻炼不当带给人一些伤患，并在锻炼时没有采取安全有效的保护措施，出现运动损伤后又没有吸取经验教训，因此使伤害经常发生。例如，在参加体育锻炼之前，没有检查器械是否完好、场地

是否平整，或者是学生们在运动中急于求成，忽略了体育运动的规律，违背了人体结构的生理特点和运动生物力学，从而造成运动损伤。以上都是由于对体育锻炼的认识不足而造成的体育损伤。

2. 缺乏合理的准备活动

准备活动可以使机体在进入运动状态前，进一步提高中枢神经系统的兴奋性，使机体在兴奋状态下进入到运动过程中，增强各器官系统的功能活动，使人体从相对静止状态过渡到紧张的活动状态，并通过各个器官预热，更好地相互配合进行运动。据国内有关调查资料分析，缺乏准备活动或者是准备活动不合理是造成运动损伤的首位或第二位的原因。

3. 由于技术动作不正确造成的运动损伤

这是指在运动过程中有技术动作的错误，违背了人体结构的特点和运动生物力学的原理造成的损伤。例如，网球肘的产生就是由于技术动作不正确产生的。再如，在做前滚翻时，由于技术动作不正确导致颈部受伤，排球传球时的手形不正确很容易使手指挫伤等。

4. 在运动过程中缺乏自我保护意识

由于人体在运动过程中处于动态，常常会出现重心偏离，从而造成人体之间或人体和运动器械之间的碰撞、机体功能能力与运动要求不相符合等情况，因此使损伤的概率大大增加。特别是当大学生在参加足球运动的时候，这种碰撞概率会大大增加，如果缺乏自我保护能力，就容易造成运动损伤。

5. 由于运动量过大导致的运动损伤

当安排运动负荷时，教师应该考虑到大学生的生理特点和可能承受的运动负荷量。特别是现在的学生，身体素质普遍低下，教师盲目地把运动量加大，安排的运动负荷超过学生可以承担的生理负荷量，尤其是局部负担过重，就极易导致运动损伤。

6. 身体功能或心理状态不佳也容易出现运动损伤

当大学生在睡眠或休息不好，或者是有先天性疾病、大病初愈等情况，以及心理状态不好时，不科学地参加体育锻炼都可能导致不同程度的运动损伤。

7. 动作不规范或动作粗野

有些学生课上思想不集中，对技术讲解和示范没有正确地理解和掌握，非常容易因动作不规范、发力不合理而导致运动损伤。还有些同学在教学比赛的对抗过程中，不遵守比赛规则、动作粗野、用力过猛，甚至故意犯规做一些危险动作，缺乏良好的体育道德，也是体育课上容易造成损伤的主要原因。

8. 气候条件的影响和场地设施的不完善也是导致运动损伤的原因

在恶劣的条件下运动，很容易出现运动损伤。在暑天进行运动极易引起疲劳和中暑；在寒冷的天气运动容易引起肌肉僵硬导致肌肉拉伤和肌肉韧带的损伤；潮湿高热的环境下运动易引起大量的出汗，发生肌肉痉挛或虚脱。如果在锻炼时，场地不平整、器械安置不牢固或缺乏必要的保护用具，都很容易导致运动损伤。

（二）诱因

诱因即是诱发的因素，它必须在局部的负荷量过大、技术错误等直接原因的作用之下才能成为致伤因素。

1. 各个项目的运动特点

各个运动项目都有自己的特点，使身体的各个部位承受的力量也是各不相同的，如果锻炼不当很容易引起负重较大部位的关节损伤。例如，篮球主要以滑步为主，在进攻或是上篮的时候，膝关节经常处于半蹲位发力，就很容易造成髌骨劳损。

2. 局部解剖的生理特点

某些组织由于处在特殊的解剖位置，在运动时可与周围的组织发生挤压和摩擦，如肩袖肌腱。还有一些组织位于关节连接处，受到外力时也很容易出现损伤。

三、运动损伤的预防与处理

人体各部位的运动损伤较为复杂，现将运动损伤按组织种类归纳介绍如下。

（一）擦伤

擦伤即皮肤的表皮受到摩擦后的损伤，这在运动当中是最常见的现象。擦伤有轻度擦伤和重度擦伤之别。对于前者，如果伤口干净，一般只要涂上碘伏即可自愈；如果擦伤创面较脏或有渗血，应用生理盐水清创后再涂上碘伏。对于重度擦伤，首先需要止血，可以通过抬高肢体、绷带加压包扎、手指直接点压止血等方法处理，或者采用冷敷法，可使血管收缩，减少局部充血，降低组织温度抑制神经的感觉，从而达到止血、止痛、防肿的目的；不能乱涂药，特别是暴露部位，尤其是头、手、面部，出现这种情况最好去医院处理。

擦伤常用药如创可贴，属于应急处理，没多少消毒作用，效果不好，不透气，故不宜依赖；头面部一般不要用碘酒，因为很难处理干净，色素沉淀会影响面容外观；30%过氧化氢（双氧水）、酒精是比较好的选择。

（二）挫伤

1. 损伤机制

挫伤又称为撞伤，是钝性外力直接作用于人体某部而引起的一种急性闭合性损伤，如运动中相互冲撞、被踢打或是身体在运动过程中冲撞到器械，都有可能造成局部或深层组织的挫伤。最常见的挫伤部位是大腿与小腿的前部，头和胸、腹部的挫伤也是经常出现的。

挫伤的种类又分为轻度挫伤和重度挫伤。

2. 挫伤的症状

挫伤症状疼痛多为初轻后重，一般持续约24小时，伤后局部有肿胀、疼痛、组织内出血、压痛等现象。

3. 处理办法

（1）轻度挫伤的处理方法

轻度挫伤不需要特殊的处理，只要在伤后24至48小时内进行局部冷敷和加压包扎，抬高伤肢并休息。还可以将消肿止痛、活血化瘀的药膏贴于患处。在24至48小时后肿胀基本消退，可拆除包扎进行热疗，大概一周后伤痛基本消失。

（2）重度挫伤的处理方法

重度挫伤要引起注意，要在24至48小时内进行冷敷和加压包扎，外敷消肿止痛、活血化瘀的药膏，内服镇静、止痛剂。要特别注意，股四头肌和腓肠肌挫伤时，如果出血较多，肿胀不断扩大，应将伤员送往医院治疗，以免耽误伤情。在受伤24至48小时后，待肿胀基本消除，可拆除包扎进行热疗，在伤情允许的情况下，应尽早进行伤肢的功能性锻炼，逐渐增加关节的活动幅度，同时应该采用物理疗法对伤肢进行恢复训练。

（三）扭伤

扭伤是关节超过正常范围的异常活动，造成囊的损伤。

① 损伤中扭伤是运动损伤中发生率最高的，多由剧烈运动或负重、持重时姿势不当、身体失去重心，落地时踩在别人的脚上，或者不慎跌倒、牵拉和过度扭转等原因引起某一部位的皮肉筋脉受损，以致经络不通，经气运行受阻淤血壅滞局部而成。扭伤时，局部会发生关节肿胀、疼痛，严重时甚至造成骨折。

② 扭伤症状临床主要表现为损伤部位疼痛肿胀和关节活动受限，多发于腰、踝、膝、肩、腕、肘、髋等部位。

③ 现场处理办法是：在出现关节部的扭伤后伤者首先应立即停止运动，暴露受伤部位，切记不要揉搓伤处，要静养观察。其具体处理如下。

〈1〉出现迅速发生红肿发紫的现象说明软组织损伤严重。这时要注意局部降温，抬高患肢使损伤部位的渗血症状减轻，并可使用绷带在局部适当加压包扎；用冰袋敷盖患处，进行冷敷；手足损伤者可以抬高患肢部；颈部、腰部扭伤者在搬运时不可移动患部。扭伤常常还伴随关节脱位或骨折，应该视伤情严重程度尽快到医院治疗。另外，扭伤后无论轻重，不易立即洗澡、按摩，需要观察数日后视情况而定。

〈2〉红肿发紫后 10 分钟，让关节部轻微活动，看伤者自我感觉是否伴有运动障碍。如果有运动障碍，则骨折的可能性比较高，应采取局部夹板固定，并立即送往医院治疗。

〈3〉在出现血淤症状后的 3 至 4 天里，局部不可采用热敷、推拿的方式。要减少活动限度，卧床休息，可服用活血化瘀的药品。

〈4〉待局部软组织恢复得差不多了，在局部使用擦剂，祛除局部的淤血，切记不可用力过度，循序渐进方可药到病除。

〈5〉注意在出现扭伤时，不可立即活动。有很多患者往往采取走路活动或用力按摩的方式，这样不仅不能帮助伤部恢复，反而会适得其反，加重伤情。

④ 在运动前应该重视各关节的准备活动，充分地把身体各个关节活动开，使之适应运动的需要，减轻突发事件导致的运动损伤发生。

（四）肌肉拉伤

1. 损伤机制

肌肉拉伤是指由于准备活动不足或过度疲劳导致的肌纤维撕裂而致的损伤。当肌肉进行剧烈收缩时，其收缩力超过了肌肉本身所能承受的能力，或者是肌肉受到直接外力或间接外力导致肌纤维损伤。常见的部位为大腿后部肌群、小腿三头肌、大腿的内收肌等。

２．肌肉拉伤的症状

肌肉拉伤后，会出现局部疼痛、压痛、肿胀、肌肉紧张、发硬、痉挛、功能障碍。当受伤肌肉主动收缩或被动拉长时疼痛加重；肌肉收缩抗阻力试验呈阳性，即疼痛加剧或有断裂的凹陷出现。有些伤员受伤时有撕裂样感、肿胀明显及皮下淤血严重，触摸局部有凹陷或见一端异常隆起者，则可能为肌肉断裂。

３．处理办法

肌肉的拉伤可分为轻微和严重两种类型。

（１）轻微肌肉拉伤的处理办法

肌肉微细损伤或少量肌纤维断裂时，应该在拉伤的肌肉上放一条毛巾，再把冰块装在塑料袋内置于毛巾之上进行冷敷半小时，直至伤处疼痛减轻，一天之内可以反复进行几次；在受伤的部位缠上弹性绷带，把腿放高，使伤后出血的肿胀控制在最小限度。缠绷带以 30 分钟为限，可反复做几次；尽量减轻患肢的负担，保持患部的安静；伤后两天可以洗热水澡或热敷患部，浴后贴一些活血消肿的药膏。伤后一周内不要做跑跳练习；一周后不痛的情况下可做轻微伸展运动，2 至 3 周后完全不痛时开始做伸展运动；在用力的情况下也不痛时可做慢跑，并经常做一些伸展运动以保持肌肉良好的柔韧性。

（２）严重肌肉拉伤的处理办法

在受伤时须立即采用冷敷疗法，并加压包扎，口服止痛剂；48 小时后可外贴活血和消肿胀膏药，并可适当热敷或用较轻的手法对损伤局部进行按摩，也可进行止痛药物注射或物理治疗。当运动时感觉肌纤维大部分断裂或肌肉完全断裂时，应该采取加压包扎等急救措施，并立即将伤员送往医院进行缝合处理。同时，要注意多休息，因为拉伤是慢性的，主要靠自己的机体恢复。

４．预防

在做剧烈的运动之前一定要充分热身，平时应该结合运动项目的特点，加强易伤肌肉的力量练习和柔韧性练习；在锻炼过程中应该时刻注意肌肉的情况，如果感觉到肌肉僵硬和疲劳，就应该立即减速或停下来进行按摩，以防止肌肉的损伤。当肌肉拉伤治愈后，应该本着循序渐进的原则进行锻炼，不要急着做大强度的锻炼，以防止损伤的再次发生。

（五）关节韧带损伤

1. 损伤机制

关节韧带损伤主要是由间接外力的作用而引起的一种闭合性损伤。在体育活动中常见的关节韧带损伤有膝关节、踝关节、肩关节、肘关节和掌指关节。它主要是在外力的作用下，使关节发生超长范围的运动，关节内外的韧带受到过度的或猛烈的牵拉而造成的损伤，情况较轻的为少量的韧带纤维断裂，严重的则为韧带完全断裂，甚至引起关节半脱位或完全脱位。

2. 关节韧带损伤的症状

伤后局部疼痛、肿胀，如果涉及关节滑膜或韧带断裂及合并关节内其他组织损伤，则会出现整个关节肿胀或血肿，局部有明显的压痛感，关节运动功能障碍，轻者活动受限，重者关节脱位，关节出现明显的松动感。

3. 处理办法

（1）轻度关节运动损伤

轻度关节运动损伤的患者，伤后应立即冷敷，加压包扎，抬高伤肢并积极休息，以减轻出血和肿胀，待24至48小时后，可拆除包扎；根据伤情可采用活血和消肿胀膏药、用较轻的手法对损伤局部进行按摩、进行痛点药物注射或物理治疗；热疗和按摩开始时只适于伤部周围，待3天后可用于全部。

（2）较严重的关节损伤

较严重的关节损伤者，应该采取急救处理，然后送往医院治疗，以争取早期手术缝合或固定。一旦关节韧带发生损伤，应该待关节肿胀和疼痛减轻后，在不引起疼痛加重的情况下，尽早地对伤肢进行功能性训练，以防止肌肉发生粘连，促进关节韧带早日恢复。

4. 预防

参加运动时，应该注重关节周围肌肉的力量训练和韧带柔韧性的练习，以提高关节韧带的稳定性。运动前应该充分活动全身的各个关节，做好准备活动。

（六）腰扭伤

1. 损伤机制

腰部扭伤最容易在举重、跳水、投掷、体操、篮球、排球等项目中发生。人体腰部的正中有一条脊椎骨，是由五块脊椎骨连起来的，叫作腰椎。连接腰椎骨的有很多条韧带和细小的肌肉，人向前后左右弯腰及腰部的伸长、缩短，都靠这些肌肉收缩来牵动。肌肉收缩虽有一定的伸展力和弹性，但也不能突然超过其活动限度。有些体育活动腰部受力较大，如果腰部的肌肉还没活动开就猛一用力，肌肉和韧带伸长过度就容易撕开及拉伤，造成腰扭伤。

2. 腰扭伤的症状

腰部剧烈疼痛；活动受限；咳嗽、深呼吸等加重；腰部有明显压痛点。症状于扭伤后数小时至数日内加重。

3. 处理办法

发生腰扭伤后，要停止活动，立即休息。如果不休息、不及时治疗，容易反复发作留下病根，变成慢性腰腿痛。躺在床上休息时，为了使腰部的肌肉放松，腰下可垫个薄点的软枕头，以减轻疼痛。腰扭伤后，用热敷疗法较好，并注意适当加强背肌练习，也可去医院接受治疗。

4. 预防

第一，在剧烈运动前要做好充分的准备活动，特别是要做好腰部的准备活动，如前后弯腰、左右转身、上跳下蹲等，待腰部的血液流通、局部发热后再参加剧烈活动。第二，要注意体育活动时的姿势正确，用力得当。不管从事哪一项体育活动，都要掌握一定的动作要领。腰部用力要逐渐加强，动作要协调平衡，不要过猛。第三，加强腰部肌肉的锻炼，尤其是以腰部活动为主的练习项目，能够使脊椎骨的活动增加、韧带的弹性和伸展性增强、肌肉更加发达有力，担负较大力量的情况下也不容易发生撕裂扭伤现象。

（七）骨折

1. 损伤机制

骨折可分为完全性骨折（骨完全断裂为两块，如横断骨折、螺旋骨折）和不完全性骨折（骨未完全断裂，如裂缝骨折、柳枝骨折）。锻炼时发生骨折的原因有：第一种是直接暴力，如踢足球时小腿被踢伤发生的胫骨骨折、跪倒在地面引起的髌骨骨折；第二种是间接暴力，如自单杠上摔下、用手扶地时发生的肱骨髁上骨折、足球守门员扑球时摔倒引起的锁骨骨折等；第三种是牵拉力，因肌肉强烈收缩时引起，如举重时提起杠铃突然进行翻腕动作，前臂屈肌附着在肱骨内上髁处可因肌肉突然收缩而产生撕脱骨折；第四种是积累性暴力，导致疲劳性骨折（如胫骨疲劳性骨折）。

2. 骨折的症状

骨折后的症状一般都比较严重，主要表现为疼痛、肿胀、皮下淤血、功能丧失、出现畸形和有压痛及震痛感等。

3. 处理办法

骨折发生后要立即停止伤肢的活动，并进行急救。如果病人有休克的症状，要平躺休息，喝些热茶水，然后尽快与医务人员联系进行抗休克治疗。如果患处有出血，要立即止血——采用局部加压包扎止血和加止血带止血效果比较好。固定包扎时，动作要轻巧、缓慢，不要乱拉乱拖以免造成严重的错位，影响恢复。包扎固定后，应去医院接受进一步的治疗。

4. 预防

在剧烈运动中，尽量减少冲撞性的动作，尤其是作用时间短、强度大的动作，这些是造成骨折发生的最危险因素。例如，足球运动中腿部受到冲撞，胫腓骨极易发生骨折；进行体操动作练习时腕部舟状骨骨折容易发生。总之，在运动过程中要避免剧烈运动的碰撞，会使骨折的发生率大大降低。

参考文献

[1] 卢森堡. 非暴力沟通 [M]. 阮胤华, 译. 北京：华夏出版社, 2016.

[2] 槛藤子. 年轻人要多懂点社交礼仪 [M]. 北京：天地出版社, 2016.

[3] 端木自在. 社交与礼仪 [M]. 南昌：江西美术出版社, 2017.

[4] 帕特森, 等. 关键对话：如何高效能沟通 [M]. 毕崇毅, 译. 北京：机械工业出版社, 2012.

[5] 卡耐基. 有效沟通的艺术 [M]. 刘双, 译. 天津：天津社会科学院出版社, 2009.

[6] 卡耐基. 人性的弱点 [M]. 陶曚, 译. 天津：天津人民出版社, 2014.

[7] 斯坦顿. 沟通圣经：听说读写全方位沟通技巧 [M]. 罗慕谦, 译. 北京：北京联合出版公司出版, 2015.

[8] 李劲. 拒绝力 [M]. 北京：中国华侨出版社, 2014.

[9] 辛德勒. 如何控制负面情绪 [M]. 高书韵, 译. 北京：中国友谊出版公司, 2018.

[10] 胡慎之. 高情商沟通术 [M]. 杭州：浙江大学出版社, 2018.

[11] 金圣荣. 非暴力沟通 [M]. 南京：江苏人民出版社, 2017.

[12] 熊丙奇, 高树良, 林文伟. 步入大学 [M]. 上海：上海交通大学出版社, 2009.

[13] 赵燕, 朱逢九. 点击大学 [M]. 上海：同济大学出版社, 2011.

[14] 雷振德, 游涛. 大学生生活及职业生涯发展指导 [M]. 北京：中国出版集团, 2014.

[15] 朱小丽. 实用自救互助与安全知识手册 [M]. 北京：科学出版社, 2017.

[16] 韦东谊. 普通高校女子防身术教学体会 [J]. 广西中医学院学报, 2008, 11（1）.

[17] 戴金明. 高校女子防身术教学方法的研究 [J]. 搏击武术科学, 2008, 5（5）.

[18] 李正军. 如何把运动处方教学模式融入体育课堂 [J]. 新课程学习, 2014.

[19] 苏兴博. 苏警官反电信网络诈骗教站手记 [M]. 北京：群众出版社, 2017.

［20］南京邮电大学信息产业发展战略研究院．中国反电信网络诈骗蓝皮书（2016）［M］．北京：人民邮电出版社，2017．

［21］曹金璇，赵翔宇，裴沛，等．电信网络教育诈骗安全教育知识读本（大学生版）［M］．北京：中国书籍出版社，2018．

尊敬的老师：

　　您好。

　　请您认真、完全地填写以下表格的内容(务必填写每一项)，索取相关图书的教学资源。

教学资源索取表

书　　名			作 者 名	
姓　　名		所在学校		
职　　称		职　　务		讲授课程
联系方式	电话：		E-mail：	
地　址（含邮编）				
贵校已购本教材的数量(本)				
所需教学资源				
系／院主任姓名				

　　　　　　系／院主任：_____（签字）

　　　　　　　　　　　　（系／院办公室公章）

　　　　　　　　　　　20_____年_____月_____日

注意：

① 本配套教学资源仅向购买了相关教材的学校老师免费提供。

② 请任课老师认真填写以上信息，并**请系／院加盖公章**，然后传真到(010)80115555转718438上索取配套教学资源。也可将加盖公章的文件扫描后，发送到 fservice@126.com 上索取教学资源。欢迎各位老师扫码关注我们的微信号和公众号，随时与我们进行沟通和互动。

微信号　　　公众号

電子工業出版社
PUBLISHING HOUSE OF ELECTRONICS INDUSTRY

反侵权盗版声明

电子工业出版社依法对本作品享有专有出版权。任何未经权利人书面许可，复制、销售或通过信息网络传播本作品的行为；歪曲、篡改、剽窃本作品的行为，均违反《中华人民共和国著作权法》，其行为人应承担相应的民事责任和行政责任，构成犯罪的，将被依法追究刑事责任。

为了维护市场秩序，保护权利人的合法权益，我社将依法查处和打击侵权盗版的单位和个人。欢迎各界人士积极举报侵权盗版行为，本社将奖励举报有功人员，并保证举报人的信息不被泄露。

举报电话：(010)88254396；(010)88258888
传　　真：(010)88254397
E - mail：dbqq@phei.com.cn
通信地址：北京市万寿路173信箱
　　　　　电子工业出版社总编办公室
邮　　编：100036